13

最新 社会福祉士養成講座
精神保健福祉士養成講座

一般社団法人 日本ソーシャルワーク教育学校連盟　編集

ソーシャルワーク演習

［共通科目］

中央法規

刊行にあたって

　このたび、新カリキュラムに対応した社会福祉士と精神保健福祉士養成の教科書シリーズ（以下、本養成講座）を一般社団法人日本ソーシャルワーク教育学校連盟の編集により刊行することになりました。本養成講座は、社会福祉士・精神保健福祉士共通科目13巻、社会福祉士専門科目8巻、精神保健福祉士専門科目8巻の合計29巻で構成されています。

　社会福祉士の資格制度は、1987（昭和62）年に制定された社会福祉士及び介護福祉士法により創設されました。後に、精神保健福祉士法が制定され、精神保健福祉士の資格制度が1997（平成9）年に創設されました。それから今日までの間に両資格のカリキュラムは2度の改正が行われました。本養成講座は、2019（令和元）年度の両資格のカリキュラム改正に伴い、刊行するものです。

　新カリキュラム改正のねらいは、地域共生社会の実現に向けて、複合化・複雑化した課題を受けとめる包括的な相談支援を実施し、地域住民等が主体的に地域課題を解決していくよう支援できるソーシャルワーカーを養成することにあります。地域共生社会とは支援する者と支援される者が一体となり、誰もが役割をもって生活していくことができる社会です。こうした社会を創り上げる担い手として、社会福祉士や精神保健福祉士が期待されています。

　そのため、本養成講座の制作にあたって、❶ソーシャルワーカーとしてアセスメントから支援計画、モニタリングに至るPDCAサイクルに基づく支援ができる人材の養成、❷個別支援と地域支援を一体的に対応でき、児童、障害者、高齢者等のさまざまな分野を横断して包括的に支援のできる人材の養成、❸「講義─演習─実習」の学習循環をつくることで、実践現場に密着した人材養成をする、を目的にしています。

　社会福祉士および精神保健福祉士になるためには、ソーシャルワークに必要な五つの科目群について学ぶことが必要です。具体的には、①社会福祉の原理・基盤・政策を理解する科目、②複合化・複雑化した福祉課題と包括的な支援を理解する科目、③人・環境・社会とその関係を理解する科目、④ソーシャルワークの基盤・理論・方法を理解する科目、⑤ソーシャルワークの方法と実践を理解する科目です。それぞれの科目群の関係性と全体像は、次頁の図のとおりです。

　これらの科目を本養成講座で学ぶことにより、すべての学生がソーシャルワークの基盤を修得し、社会福祉士ならびに精神保健福祉士の国家資格を取得し、さまざまな領域でソーシャルワーカーとして活躍され、ソーシャルワーカーに対する社会的評価を高めてくれることを願っています。

社会福祉士養成教科書の全体像

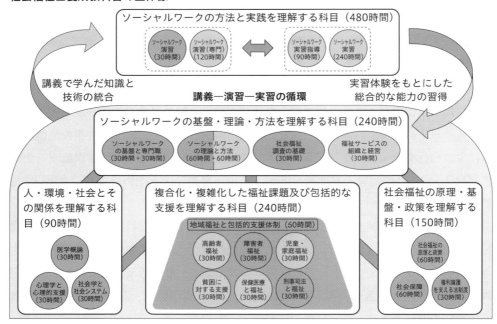

出典：厚生労働省「（別添）見直し後の社会福祉士養成課程の全体像」（https://www.mhlw.go.jp/content/000604998.pdf）
　　　より本連盟が改編

精神保健福祉士養成教科書の全体像

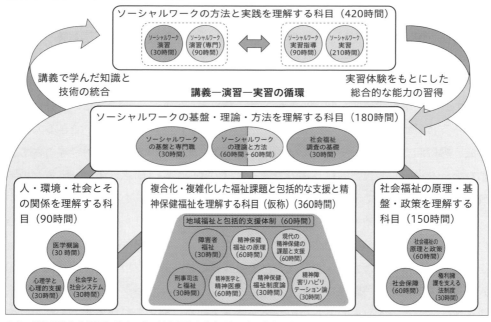

出典：厚生労働省「（別添）見直し後の社会福祉士養成課程の全体像」を参考に本連盟が作成

2020（令和2）年12月1日

一般社団法人日本ソーシャルワーク教育学校連盟
会長　白澤政和

はじめに

　ソーシャルワーカーは、社会正義、人権、集団的責任および多様性尊重といった原理に則り、社会変革と社会開発、社会的結束および人々のエンパワメントと解放を促進し、ソーシャルワークの理論や社会科学などの知恵・知識を基盤として、人々のウェルビーイングを高め、さまざまなシステムに働きかける専門職である。「ソーシャルワーク演習」は、ソーシャルワーク専門職のグローバル定義およびソーシャルワーク専門職のグローバル定義の日本における展開に記された内容を実現するために必要となる能力（コンピテンシー）を獲得するための重要な科目として位置づけられている。

　ソーシャルワークを取り巻く社会状況に目を向けると、社会福祉に関係する各種法制度は時代や福祉ニーズの変化に対応するための創設・改正が行われてきており、ソーシャルワーク専門職である社会福祉士養成課程および精神保健福祉士養成課程についても、時間差があるものの見直しが行われてきた。たとえば、2018（平成30）年の社会福祉法改正につながる地域共生社会の実現に向けた政策の見直しのなかで、新たな地域包括支援体制や効率的なサービス提供体制の確立に向けた人材養成と確保の必要性が指摘された。それにより、社会福祉士に対する社会的要請として、地域住民や団体等とも協働しつつ、多分野・多業種・多職種と連携しながら、生活課題を抱えた個人や世帯への包括的な支援を展開するだけではなく、潜在化した課題への対応や資源開発といった役割を担うことが期待された。さらに、ソーシャルワーク機能は、自殺防止対策、成年後見制度の利用支援、虐待防止対策、矯正施設退所者の地域定着支援、依存症対策、災害時の支援、多文化共生等においても求められるようになった。

　このような社会状況の変化や人々の生活課題の多様化・複雑化を受け、ソーシャルワーク専門職の養成および学習のあり方があらためて問われている。たとえば、医療・看護・保健などの専門職の養成課程においては、従来の詰め込み型教育（何を教えるか、何を学んだか）からアウトカム基盤型教育（何ができるようになったか、何ができるか）への転換が進められている。演習は、アウトカム基盤型教育を展開するために重要な学習・教育方法の一つであり、ソーシャルワーカー養成教育においても積極的に導入し、推進することが求められている。

　そこで、国家資格としての社会福祉士および精神保健福祉士の養成という枠組みから本書における演習の意義と必要性について整理したい。科目としての「ソーシャルワーク演習［共通科目］」のねらいは、❶ソーシャルワークの知識と技術に係る他の科目との関連性を踏まえ、社会福祉士及び精神保健福祉士として求められる基礎的な

能力を涵養すること、❷ソーシャルワークの価値規範と倫理を実践的に理解すること、❸ソーシャルワークの実践に必要なコミュニケーション能力を養うこと、❹ソーシャルワークの展開過程において用いられる、知識と技術を実践的に理解すること、とされている。国家試験受験資格を取得するための学習方法と流れを簡略化すると、「講義→演習→実習」という三つの要素が相互に影響しあい、循環することで効果を高めている。演習とは、教員や指導者が積極的に関与し、学生が講義で学習したソーシャルワークや関連する技法について模擬的・総合的に体験し、現場で自立的に実践できるようにするための練習と思考を通して理解を深める機会となる。科目履修の流れや学習の積み重ねという観点からみると、「ソーシャルワーク演習」は「ソーシャルワーク実習」を行うための準備として位置づけられており、最終的には、将来ソーシャルワーカーとして働くためのスタート地点ともいえる。本書を用いて学習することにより、養成カリキュラムのさまざまな科目で学習したソーシャルワークの専門性を構成する価値・知識・技術を総合的・包括的に用いる能力（コンピテンシー）を獲得し、科目の枠を越えて、課題や実践について概念化し、体系的に理解できるようになることを目標とする。

　最後に、ソーシャルワーカーがクライエントや社会のウェルビーイングを実現し、関係者と連携しながら社会生活上の問題や社会の諸問題を解決するためには、価値・知識・技術を統合的かつ適切に活用し、実施する能力（コンピテンシー）が求められる。また、現場では、個人だけでなく、マルチパーソンクライエントシステム（家族、小集団、組織、施設、機関、近隣、コミュニティなど）と直接的・間接的なかかわりをもち、ミクロレベルからメゾ、マクロレベルに至る幅広い範囲を視野に入れて実践することになる。したがって、ソーシャルワーカーを目指す学生は、クライエントの状況に合わせた実践を展開できるようになるために演習で何を学習すればよいかを意識することが大切である。ソーシャルワーカーとしての社会的責務を果たし、専門職としての役割を遂行するためには就職してからも継続的に学習し続けることが大切である。本書を活用し、ソーシャルワーカーとして実践する未来に向けて学習をスタートさせてほしい。

編集委員一同

目次

第4章　コミュニケーション技術と面接技術

第5章　ソーシャルワークの展開過程と関連技法

第6章　ソーシャルワーク実習後の演習

本書では学習の便宜を図ることを目的として、以下の項目を設けました。

・学習のポイント……各節で学習するポイントを示しています。
・重要語句……………学習上、特に重要と思われる語句を色文字で示しています。
・用語解説……………専門用語や難解な用語・語句等に★を付けて側注で解説しています。
・補足説明……………本文の記述に補足が必要な箇所にローマ数字（ⅰ、ⅱ、…）を付けて脚注で説明しています。

第1章

ソーシャルワーク
演習の意義と目的

　本章では、ソーシャルワーク演習の意義と目的について学ぶ。はじめに、ソーシャルワーク演習とは何かを理解するため、ソーシャルワーカーの業務と役割について、ソーシャルワーク専門職のグローバル定義およびソーシャルワーク専門職のグローバル定義の日本における展開等を踏まえて理解する。また、コルブ（Kolb, D. A.）の経験学習モデルに基づく能動的な学びのサイクルからソーシャルワーク演習の目的を理解し、加えて、そのねらいと意義を整理している。次に、ソーシャルワーク演習を通して学ぶことについて、アメリカのソーシャルワーク教育認定機関に記されているコンピテンシーを紹介している。

ソーシャルワーク演習とは

学習のポイント

● 社会福祉士・精神保健福祉士・ソーシャルワーカーの業務と役割について確認する
● ソーシャルワーク演習の目的・目標・意義について理解する

 ## 社会福祉士・精神保健福祉士・ソーシャルワーカーの業務と役割

■1 社会福祉士

　社会福祉士は、社会福祉士及び介護福祉士法第 2 条において、「専門的知識及び技術をもって、身体上若しくは精神上の障害があること又は環境上の理由により日常生活を営むのに支障がある者の福祉に関する相談に応じ、助言、指導、<u>福祉サービスを提供する者又は医師その他の保健医療サービスを提供する者その他の関係者（第 47 条において「福祉サービス関係者等」という。）との連絡及び調整</u>その他の援助を行うこと（第 7 条及び第 47 条の 2 において「相談援助」という。）を業とする者」と規定されている。

　下線部は、2007（平成 19）年 12 月の改正時に追加された部分である。社会福祉士及び介護福祉士法が 1987（昭和 62）年に制定されてから 30 年以上が経過するなかで社会が変化し、社会福祉士に期待される役割も拡大しているのである。法律の改正を導いた、厚生労働省社会保障審議会福祉部会の「介護福祉士制度及び社会福祉士制度の在り方に関する意見」では、社会福祉士に**表 1-1** のような役割が求められるとしている。

　さらに、社会状況の変化によるニーズの多様化・複雑化に伴い、既存の制度では対応が難しいさまざまな課題が顕在化するのに対応して、「地域共生社会」、すなわち、人々がさまざまな生活課題を抱えながらも住み慣れた地域で自分らしく暮らしていけるよう、地域の住民や多様な主体が支えあい、住民一人ひとりの暮らしと生きがい、そして、地域をともに創っていく社会の実現に向けての取り組みが進められている。厚生労働省社会保障審議会福祉部会福祉人材確保専門委員会の「ソーシャルワーク専門職である社会福祉士に求められる役割等について」では、「地

表1-1　社会福祉士に求められる役割

❶　福祉課題を抱えた者からの相談に応じ、必要に応じてサービス利用を支援するなど、その解決を自ら支援する役割
❷　利用者がその有する能力に応じて、尊厳を持った自立生活を営むことができるよう、関係する様々な専門職や事業者、ボランティア等との連携を図り、自ら解決することのできない課題については当該担当者への橋渡しを行い、総合的かつ包括的に援助していく役割
❸　地域の福祉課題の把握や社会資源の調整・開発、ネットワークの形成を図るなど、地域福祉の増進に働きかける役割

出典：厚生労働省社会保障審議会福祉部会「介護福祉士制度及び社会福祉士制度の在り方に関する意見」p.21, 2006.　https://www.mhlw.go.jp/shingi/2006/12/dl/s1212-4b.pdf

表1-2　「地域共生社会」の実現に向けた社会福祉士の役割

・地域住民等と信頼関係を築き、他の専門職や関係者と協働し、地域のアセスメントを行うこと
・地域住民が自分の強みに気づき、前向きな気持ちややる気を引き出すためのエンパワメントを支援し、強みを発揮する場面や活動の機会を発見・創出すること
・グループ・組織等の立ち上げや立ち上げ後の支援、拠点となる場づくり、ネットワーキングなどを通じて地域住民の活動支援や関係者との連絡調整を行うこと

出典：厚生労働省社会保障審議会福祉部会福祉人材確保専門委員会「ソーシャルワーク専門職である社会福祉士に求められる役割等について」p.5, 2018.　https://www.mhlw.go.jp/file/05-Shingikai-12601000-Seisakutoukatsukan-Sanjikanshitsu_Shakaihoshoutantou/0000199560.pdf

域共生社会」の実現に向けて、❶複合化・複雑化した課題を受けとめる多機関の協働による包括的な相談支援体制や、❷地域住民等が主体的に地域課題を把握して解決を試みる体制の構築が求められており、そのためには、社会福祉士がソーシャルワークの機能を発揮し、地域住民に伴走しつつ、**表1-2**のような役割を果たすことが必要だとされている[2]。

　また、社会福祉士には、個別の支援のほか、自殺防止対策、成年後見制度の利用支援、虐待防止対策、矯正施設退所者の地域定着支援、依存症対策、社会的孤立や排除への対応、災害時の支援、多文化共生など、幅広いニーズに対応するとともに、教育分野におけるスクールソーシャルワークなど、さまざまな分野においてソーシャルワークの機能を発揮していく役割を果たすことが求められるとされている。

2 精神保健福祉士

　精神保健福祉士は、精神保健福祉士法第2条において、「精神障害者の保健及び福祉に関する専門的知識及び技術をもって、精神科病院その他の医療施設において精神障害の医療を受け、又は精神障害者の社会復帰の促進を図ることを目的とする施設を利用している者の地域相談支援（障害者の日常生活及び社会生活を総合的に支援するための法律（平成

17年法律第123号）第5条第18項に規定する地域相談支援をいう。第41条第1項において同じ。）の利用に関する相談その他の社会復帰に関する相談に応じ、助言、指導、日常生活への適応のために必要な訓練その他の援助を行うこと（以下「相談援助」という。）を業とする者」と規定されている。

精神保健福祉士法は、精神保健福祉士が精神科病院の長期入院患者の社会復帰を支援することを主たる目的として1997（平成9）年に制定されたが、その後、地域で生活する人が増え、社会状況の変化もあいまって精神保健福祉士に期待される役割は拡大してきた。厚生労働省社会・援護局障害保健福祉部精神・障害保健課の「精神保健福祉士養成課程における教育内容等の見直しについて」では、**表1-3**のような役割が求められている[3]。

さらに、障害者の日常生活及び社会生活を総合的に支援するための法律（障害者総合支援法）の成立など地域の基盤整備が進み、「精神障害

表1-3　精神保健福祉士に求められる役割

❶　医療機関等におけるチームの一員として、治療中の精神障害者に対する相談援助を行う役割
❷　長期在院患者を中心とした精神障害者の地域移行を支援する役割
❸　精神障害者が地域で安心して暮らせるよう相談に応じ、必要なサービスの利用を支援するなど、地域生活の維持・継続を支援し、生活の質を高める役割
❹　関連分野における精神保健福祉の多様化する課題に対し、相談援助を行う役割

出典：厚生労働省社会・援護局障害保健福祉部精神・障害保健課「精神保健福祉士養成課程における教育内容等の見直しについて」p.3, 2010. https://www.mhlw.go.jp/shingi/2010/03/dl/s0331-21a.pdf

表1-4　今後も一層求められる精神保健福祉士の役割

❶　精神疾患・障害によって医療を受けている者等への援助（医療機関内外での相談や支援など）
❷　医療に加えて福祉の支援を必要とする者等への援助（日常生活や社会生活への支援など）
❸　医療は受けていないが精神保健（メンタルヘルス）課題がある者への援助（顕在的ニーズの発見、回復への支援、アウトリーチなど）
❹　精神疾患・障害や精神保健（メンタルヘルス）課題が明らかになっていないが、支援を必要とする可能性のある者への援助（情報提供、理解の促進、潜在的ニーズの発見、介入など）
❺　❶〜❹に関連する多職種・多機関との連携・協働における調整等の役割（マネジメント、コーディネート、ネットワーキングなど）
❻　国民の意識への働きかけや精神保健の保持・増進に係る役割（普及、啓発など）
❼　精神保健医療福祉の向上のための政策提言や社会資源の開発と創出に係る役割

出典：厚生労働省精神保健福祉士の養成の在り方等に関する検討会「精神保健福祉士の養成の在り方等に関する検討会　中間報告書」p.26, 2019. https://www.mhlw.go.jp/content/12201000/000496790.pdf

者にも対応した地域包括ケアシステム」の構築が理念とされ、ほかにも個人・家族・組織・集団、地域、社会などのレベルで精神保健福祉士を取り巻く環境は年々変化し、対象や課題も多様化・複雑化している。このような状況を受けて、厚生労働省精神保健福祉士の養成の在り方等に関する検討会の「精神保健福祉士の養成の在り方等に関する検討会 中間報告書」では、精神保健福祉士には、**表 1-4** のような役割が求められるとされている。⁴⁾

3 ソーシャルワーカー

　社会福祉士と精神保健福祉士が行っているソーシャルワーク実践は、それらの根拠となる法律が制定される前より久しく国内外において行われてきた。以前は、対象が個人の場合はケースワーク、グループの場合はグループワーク、地域の場合はコミュニティワークあるいはコミュニティオーガニゼーションを行い、実践者もそれぞれケースワーカー、グループワーカー、コミュニティワーカーと呼ばれ、独立した形で実践されていた。しかし、1970 年代以降、欧米ではそれらを統合したジェネラリスト・ソーシャルワークの必要性が打ち出され、レベルに関係なくソーシャルワークと呼ぶのが一般的になった。実践者もソーシャルワーカーと呼ばれるようになった。

　我が国では、社会福祉制度が対象者の属性ごとに創設され、そのなかで実践者はさまざまな呼称で呼ばれ、ソーシャルワーカーとは呼ばれなかった。また、福祉職の国家資格化に際しては、カタカナではなく、漢字での呼称が望ましいとされ、社会福祉士と精神保健福祉士という呼称が生まれた。両専門職の養成課程での科目名も「ソーシャルワーク」ではなく、「社会福祉援助技術論」とされた。しかし、「社会福祉援助技術論」で学ぶことは、技術についてだけではなく、価値・倫理や理論・モデルまで含むものであるため科目名としてふさわしくないとの批判があり、2007（平成 19）年度の社会福祉士養成課程の見直しでは「相談援助」という言葉が使用されるようになった。そして、2021（令和 3）年度導入の社会福祉士養成課程では、科目名に「相談援助」とあるものは、すべて「ソーシャルワーク」に置き換えられた。これは、「相談援助」という言葉からは、個人を対象とした支援という印象をもたれがちであるが、「ソーシャルワーク」は、個人の支援から地域づくりまで幅広い実践を含んでおり、地域共生社会の実現に向けて、ソーシャルワーク機能が重要だと認識されるようになったからである。

このように、ソーシャルワーク、ソーシャルワーカーという用語はあまり使われてこなかったが、福祉の研究者や従事者のなかでは、呼称は異なっても共通の基盤をもつ実践であり、専門職であるとの認識があった。1960（昭和35）年に日本ソーシャルワーカー協会が発足し、1984（昭和59）年には国際ソーシャルワーカー連盟に加入している。また、日本医療社会福祉協会、日本社会福祉士会、日本精神保健福祉士協会が創設され、現在では、これら4団体から構成される日本ソーシャルワーカー連盟が国際ソーシャルワーカー連盟との連絡調整を行っている。

　日本ソーシャルワーカー連盟の「ソーシャルワーカーの倫理綱領」（2020年6月採択）では、自らが加盟する国際ソーシャルワーカー連

表1-5　ソーシャルワーク専門職のグローバル定義

> 　ソーシャルワークは、社会変革と社会開発、社会的結束、および人々のエンパワメントと解放を促進する、実践に基づいた専門職であり学問である。社会正義、人権、集団的責任、および多様性尊重の諸原理は、ソーシャルワークの中核をなす。ソーシャルワークの理論、社会科学、人文学、および地域・民族固有の知を基盤として、ソーシャルワークは、生活課題に取り組みウェルビーイングを高めるよう、人々やさまざまな構造に働きかける。
> 　この定義は、各国および世界の各地域で展開してもよい。

表1-6　ソーシャルワーク専門職のグローバル定義の日本における展開

> 　日本におけるソーシャルワークは、独自の文化や制度に欧米から学んだソーシャルワークを融合させて発展している。現在の日本の社会は、高度な科学技術を有し、めざましい経済発展を遂げた一方で、世界に先駆けて少子高齢社会を経験し、個人・家族から政治・経済にいたる多様な課題に向き合っている。また日本に暮らす人々は、伝統的に自然環境との調和を志向してきたが、多発する自然災害や環境破壊へのさらなる対応が求められている。
> 　これらに鑑み、日本におけるソーシャルワークは以下の取り組みを重要視する。
> ●ソーシャルワークは、人々と環境とその相互作用する接点に働きかけ、日本に住むすべての人々の健康で文化的な最低限度の生活を営む権利を実現し、ウェルビーイングを増進する。
> ●ソーシャルワークは、差別や抑圧の歴史を認識し、多様な文化を尊重した実践を展開しながら、平和を希求する。
> ●ソーシャルワークは、人権を尊重し、年齢、性、障がいの有無、宗教、国籍等にかかわらず、生活課題を有する人々がつながりを実感できる社会への変革と社会的包摂の実現に向けて関連する人々や組織と協働する。
> ●ソーシャルワークは、すべての人々が自己決定に基づく生活を送れるよう権利を擁護し、予防的な対応を含め、必要な支援が切れ目なく利用できるシステムを構築する。
> 　「日本における展開」は「グローバル定義」及び「アジア太平洋地域における展開」を継承し、とくに日本において強調すべき点をまとめたものである。

出典：日本ソーシャルワーカー連盟「ソーシャルワーク専門職のグローバル定義の日本における展開」
　　　http://jfsw.org/definition/japan/

盟と国際ソーシャルワーク学校連盟が採択した「ソーシャルワーク専門職のグローバル定義」（2014年7月）（**表 1-5**）をソーシャルワーク実践の基盤となるものとして認識し、その実践のよりどころとするとしている。

2017（平成29）年には、日本ソーシャルワーカー連盟構成4団体および日本社会福祉教育学校連盟（日本社会福祉士養成校協会・日本精神保健福祉士養成校協会と合併し、現在は日本ソーシャルワーク教育学校連盟）の総会において「ソーシャルワーク専門職のグローバル定義の日本における展開」が採択された（**表 1-6**）。

2 ソーシャルワーク演習とは

1 演習とは

専門職の養成課程では、講義、実習、演習という三つの学習方法が用いられる。講義は、教員が教材を用いて学生に説明をしたり、学生と対話したりすることを通して学習内容を伝えるものである。講義は効率的に多くの知識を伝達するのに役立つが、それらの知識を応用して専門職としての実践力を培うのには適していない。それに対して、実際に体験することを通して具体的・実践的に学習内容を身につけるのが実習である。実習は実践的な力をつけるうえで不可欠であるが、事前の準備と事後の学習が十分でなければ、実習を通しての学びも不十分なものとなる。

そして、このような講義と実習をつなぐものが演習である。演習は、教員の指導のもとで学生が実際の状況を模擬的に体験することを通して学習内容を総合的に身につける学習方法である。演習では、講義で学んだ知識を実践に活用する体験をしたり、実習で学んだことを演習のなかで追体験し多面的に振り返ったりすることで実践力をつけるのである。

2 ソーシャルワーク演習の目的

ソーシャルワーク演習全体の究極的な目的は、受講者が「ソーシャルワーク専門職のグローバル定義」および「ソーシャルワーク専門職のグローバル定義の日本における展開」にあるような実践を行う力をつけ、前述の期待されている役割を果たせるようになることである。この目的は、ソーシャルワーク演習だけでなく、ソーシャルワーカーとして実務に就いてからも常に追求しなければならないものである。「ソーシャル

ワーカーの倫理綱領」の前文には、「ソーシャルワークの知識、技術の専門性と倫理性の維持、向上が専門職の責務」と示されている。実際、ソーシャルワーカーが対応する事例は個別性が高く、養成校で学んだことだけでは対応できないことが多い。また、社会は常に変化し、ソーシャルワークのあり方や方法も発展している。そのため、仕事に就いてからも日々の経験のなかで継続的に学ぶことが必要である。したがって、経験を通して効果的に学ぶ方法を身につけることもソーシャルワーク演習の目的として挙げられるだろう。

■3 ソーシャルワーク演習の意義

　ソーシャルワーク演習の意義としては、次の三つが挙げられる。

❶総合的・包括的な理解

　ソーシャルワーク実践に必要な知識は、さまざまな領域や分野にわたっている。そのため、ソーシャルワーカーの養成課程において、学生は多くの科目を履修し、それぞれの科目ごとに体系的に構成された知識を学習する。しかし、ソーシャルワーカーが課題に取り組む場合には、科目の枠を越えてさまざまな知識を総合的に用いることが必要となる。演習では、テーマや課題に焦点を当てた総合的な学習を通して、科目別に学習する事柄の関連性について気づき、総合的・包括的に理解できるようになることを目指す。

❷応用力・専門性の習得

　ソーシャルワーカーが業務を遂行するためには、ソーシャルワークの専門性を構成する価値、知識、技術について知っているだけでなく、それらを統合して実践に応用できることが必要である。すなわち、ソーシャルワーカーが共有する価値に基づいて自らを律し、多様な知識を用いて人と環境を深く理解して適切な支援のあり方や方法を考え、そして、それらを態度や行動を通して具現する技術をもつことが求められているのである。ソーシャルワーク演習では、具体的な課題について、グループでの取り組みやロールプレイ、ケーススタディなどを通して情報を活用する体験とその振り返りを繰り返すことで応用力や専門性を培う。

❸ソーシャルワーク実習の事前・事後学習

　ソーシャルワーク実習は、現実に向き合い専門的な実践力を磨く重要な機会であるが、実習を実り多いものにするためには事前準備が肝心である。実習前のソーシャルワーク演習は、福祉の現場や実践についての現実的な理解を深め、実際に自分がその場に身を置いた場合の予行演習

となるので、実習の事前準備として大変有効である。また、実習後の
ソーシャルワーク演習は、実習を通して考え、感じたことを再検討する
機会となり、実習での学びを深くたしかなものにすることに役立つ。

4 演習で効果的に学ぶ方法——経験学習モデル

　本書では、さまざまなタイプの演習を行うが、共通しているのは、い
ずれも経験を通して学ぶことである。社会では人材の育成や開発のため
に、経験学習についていろいろな理論やモデルが開発されてきたが、そ
のなかで注目されているものにコルブ（Kolb, D. A.）の経験学習モデ
ルがある。これは、学習者が自らの経験から学びを獲得するプロセスを
体系化したもので、**表 1-7** のような「具体的経験」「省察」「概念化」「試
行」の 4 段階からなる学習のサイクルである。[5]

　「試行」したことは、「具体的経験」となって新しい学びのサイクルへ

表1-7　コルブの経験学習モデルに基づく学習のサイクル

経験	実際に何か具体的な経験をする。
省察	その経験を多面的に振り返って、どのような状況だったのか、何が関係していたのかなどよく考察する。
概念化	経験について考察した結果をほかの場面や状況でも応用できるよう一般化・概念化する。
試行	一般化・概念化したことを実際に試してみる。

出典：Kolb, D. A., *Experiential Learning : Experience as the Source of Learning and Development 2 nd Edition*, Pearson Education, 2015.（Kindle 版）をもとに筆者作成

図1-1　コルブの経験学習モデル

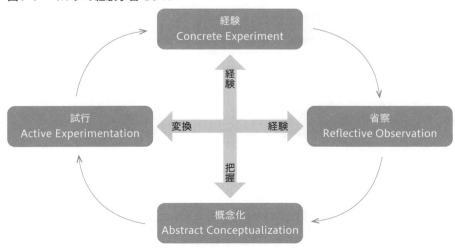

出典：Kolb, D. A., *Experiential Learning : Experience as the Source of Learning and Development 2 nd Edition*, Pearson Education, 2015.（Kindle 版）

とつながり、このようなサイクルを通して効果的な学習ができるのである（図1-1）。

　演習で課題を行うことは「具体的経験」である。効果的に学ぶためには、課題について考えたこと・行ったこと・その結果などについて多様な観点から「省察」し、「概念化」することが必要である。そして概念化したことは、演習のなかで再度「試行」、あるいは実習やほかの場面などで「試行」し、その試行経験についてさらに次の学びのサイクルで学びを深めていくことが大切である。

◇引用文献
1）厚生労働省社会保障審議会福祉部会「介護福祉士制度及び社会福祉士制度の在り方に関する意見」p.21, 2006. https://www.mhlw.go.jp/shingi/2006/12/dl/s1212-4b.pdf
2）厚生労働省社会保障審議会福祉部会福祉人材確保専門委員会「ソーシャルワーク専門職である社会福祉士に求められる役割等について」pp.4-5, 2018. https://www.mhlw.go.jp/file/05-Shingikai-12601000-Seisakutoukatsukan-Sanjikanshitsu_Shakaihoshoutantou/0000199560.pdf
3）厚生労働省社会・援護局障害保健福祉部精神・障害保健課「精神保健福祉士養成課程における教育内容等の見直しについて」p.3, 2010. https://www.mhlw.go.jp/shingi/2010/03/dl/s0331-21a.pdf
4）厚生労働省精神保健福祉士の養成の在り方等に関する検討会「精神保健福祉士の養成の在り方等に関する検討会 中間報告書」p.26, 2019. https://www.mhlw.go.jp/content/12201000/000496790.pdf
5）Kolb, D. A., *Experiential Learning : Experience as the Source of Learning and Development 2 nd Edition*, Pearson Education, 2015.（Kindle版）

◇参考文献
・厚生労働省「これからの精神保健医療福祉のあり方に関する検討会」 https://www.mhlw.go.jp/stf/shingi/other-syougai_321418.html
・厚生労働省「『地域共生社会に向けた包括的支援と多様な参加・協働の推進に関する検討会（地域共生社会推進検討会）』の最終とりまとめ」2019. https://www.mhlw.go.jp/stf/shingi 2 /0000213332_00020.html

第2節 ソーシャルワーク演習を通して学ぶこと

学習のポイント

● ソーシャルワーク演習の目標として、どのような状態に到達するべきかを知る
● コンピテンシーを読み、ソーシャルワーカーとして具体的にどのような行動をとれる ようになるかを理解する

1 ソーシャルワーク演習の目標

　前節で述べたとおり、「ソーシャルワーク専門職のグローバル定義」 や「ソーシャルワーク専門職のグローバル定義の日本における展開」に あるような実践力をつけて維持するためには、卒業後も継続的な学びが 必要であるが、社会福祉士養成課程および精神保健福祉士養成課程の教 育の目標としては、**表1-8** のような状態に卒業時に到達することであ る。これらの状態をより具体的に表したものが**コンピテンシー**である。

　コンピテンシーとは、優れた成果や高い業績を生み出す人に共通して いる特性のことである。行動特性と呼ばれることもあるが、行動には知 識や技能、態度などが深くかかわっているため、実際には、特定の文脈 のなかで複雑な課題に対応できるような資質・能力のことを意味してい る。

　コンピテンシーが明らかになれば、それを習得することでパフォーマ ンスの質を上げることができるため、近年、人材養成・育成では、コン ピテンシーを示し、その習得を目標とするようになってきている。教育

表1-8　社会福祉士および精神保健福祉士の養成教育の目標

○ソーシャルワークの価値にもとづいて、実践で何を目指すべきかを述べることがで きる
○ソーシャルワークの基本的な視点と知識にもとづいて、クライエントの状況を多面 的に理解し、他者がわかるように説明することができる
○ミクロ・メゾ・マクロのそれぞれのレベルでの介入について理解しており、基本的 な介入スキルを身につけている
○ソーシャルワーク実践の評価について理解しており、実践についての自己評価がで き、それを実践の改善に役立てることができる

出典：日本ソーシャルワーク教育学校連盟「ソーシャルワーク演習のための教育ガイドライン」p.5, 2020.

においても重視され、OECD（Organisation for Economic Co-operation and Development：経済協力開発機構）では、❶人生の成功や社会の発展にとって有益、❷さまざまな文脈のなかでも重要な要求（課題）に対応するために必要、❸特定の専門家ではなくすべての個人にとって重要なもの、として、次のような「キー・コンピテンシー」を提言している。

・言語や知識、技術を相互作用的に活用する能力
・多様な集団による人間関係形成能力
・自律的に行動する能力
・これらの核となる「思慮深く考える力」

これらは、すべての人にとって重要とされるものであるが、これらに加えて、専門職には、それぞれの専門職が掲げる目的に基づき、専門性を発揮して職務を遂行するためのコンピテンシーがある。では、ソーシャルワーカーのコンピテンシーとはどのようなものだろうか。演習を通して学ぶべきことはなんだろうか。

我が国では、ソーシャルワーカーのコンピテンシーについてはまだ共通認識をもつに至っていない。いずれは、我が国の実情に沿ったコンピテンシーについて提示されることになるだろうが、ここではアメリカのソーシャルワーク教育認定機関（Council on Social Work Education）が提示している九つのコンピテンシーを紹介する（**表 1-9**）。このようなことができるようになることがソーシャルワーク演習の具体的な目標である。

なお、**表 1-8** に示した四つの目標とこれらのコンピテンシーの関係としては、一つ目の目標がコンピテンシーの 1 ～ 5、二つ目の目標がコンピテンシーの 7、三つ目の目標がコンピテンシーの 6 と 8、四つ目の目標がコンピテンシーの 9 に対応している。

表1-9　ソーシャルワーク・コンピテンシー（Council on Social Work Education 2015）

（1）**倫理的かつ専門職としての行動がとれる**
ソーシャルワーカーは、専門職の価値基盤と倫理基準とともに、ミクロ・メゾ・マクロレベルでの実践に影響を及ぼす可能性のある関連法令について理解している。ソーシャルワーカーは、倫理的な意思決定の枠組みと、クリティカル・シンキングの原則を実践・調査・政策の各分野の枠組みに適用する方法を理解している。ソーシャルワーカーは、個人的な価値と、個人的な価値と専門職の価値との区別について認識している。また、個人的な経験や情緒的な反応が専門職としての判断や行動にどのように影響するかも理解している。ソーシャルワーカーは、専門職の歴史・使命・役割

と責任について理解している。多職種チームで働く際には、他の専門職の役割も理解している。ソーシャルワーカーは、生涯学習の重要性を認識し、適切で効果的な実践ができるように常にスキルの向上に努める。また、ソーシャルワーク実践のなかで起こっている新しい技術と、その倫理的な使用についても理解している。

ソーシャルワーカーは：

○倫理綱領や関連法令、倫理的な意思決定モデル、調査の倫理的な実施等にもとづいて、倫理的な意思決定をする

○実践場面で自身の個人的な価値に気づき、専門職としてのあり方を維持するために振り返りと自己規制を行う

○行動、外見、口頭・書面・メールでのコミュニケーションで、専門職としての態度を示す

○実践結果を促進するために、技術を倫理的かつ適切に使う

○専門的な判断と行動となるように、スーパービジョンとコンサルテーションを活用する

(2) 実践において多様性と相違に対応する

ソーシャルワーカーは、多様性と相違がいかに人間の経験を特徴づけ、形成するか、そしてアイデンティティの形成にとって重要かを理解している。多様性の次元は、年齢、階級、色、文化、障害と能力、民族、ジェンダー、ジェンダーの意識と表現、移民ステータス、配偶者の有無、政治的イデオロギー、人種、宗教／スピリチュアリティ、性別、性的指向、部族の主権の状態などを含む複数の要因の交差性として理解されている。相違の結果として、特権、権力、称賛や抑圧、貧困、疎外が人生経験のなかに起こることをソーシャルワーカーは理解している。ソーシャルワーカーは、また抑圧と差別の形態とメカニズムを理解し、社会的・経済的・政治的・文化的な排除などの文化の構造や価値がどれほど抑圧や疎外を起こしたり、特権や権力を生み出しているかを認識している。

ソーシャルワーカーは：

○人生経験をかたちづくるうえで多様性や相違が重要であることを、実践のミクロ・メゾ・マクロレベルにおいて適用し、伝える

○自分自身を学習者として提示し、クライエントや関係者には彼ら自身の経験のエキスパートとして関わる

○多様なクライエントや関係者とともに取り組む際には、自分の偏見や価値観の影響を抑えるために、自己覚知や自己規制（自らの気づきを高め、自身をコントロールする）を行う

(3) 人権と社会的・経済的・環境的な正義を推進する

ソーシャルワーカーは、すべての人が社会的な地位に関係なく、自由、安全、プライバシー、適切な生活水準、医療、教育といった基本的人権をもっていることを理解している。ソーシャルワーカーは、抑圧と人権侵害の世界的な相互関係を理解しており、人のニーズと社会正義についての理論と社会経済的な正義や人権を促進するための戦略についての知識をもっている。ソーシャルワーカーは、社会財、権利、責任が公平に分配され、市民的・政治的・環境的・経済的・社会的・文化的な人権が守られるようにするために、抑圧的な構造をなくすための戦略を理解している。

ソーシャルワーカーは：

○個別およびシステムレベルにおける人権擁護のために、社会的・経済的・環境的な正義についての理解を適用する

○社会的・経済的・環境的な正義を擁護する実践を行う

(4) 「実践にもとづく調査」と「調査にもとづく実践」に取り組む

ソーシャルワーカーは、ソーシャルワークの科学の進歩と実践の評価における量的および質的な調査方法とそれぞれの役割を理解している。ソーシャルワーカーは、論理の原則、科学的な調査、文化的に適切で倫理的なアプローチを知っている。ソーシャ

ルワーカーは、実践に役立つ根拠は、学際的な情報源から複数の探求方法で引き出されることを理解している。また、ソーシャルワーカーは、研究結果を効果的な実践に変換するプロセスについて理解している。

ソーシャルワーカーは：
○科学的な研究と調査のために、実践経験や理論を活用する
○量的・質的な調査方法や調査結果を分析する際には、クリティカル・シンキングを行う
○実践や政策、サービス提供について情報提供したり、改善したりするために、調査による根拠を使用したり、わかりやすく伝えたりする

⑸ 政策実践に関与する

ソーシャルワーカーは、人権と社会正義、および社会福祉とサービスが、連邦・州・地方のそれぞれのレベルでの政策とその実施によって取りなされて（媒介されて）いることを理解している。ソーシャルワーカーは、社会政策とサービスの歴史および現在の構造、サービス提供における政策の役割、政策開発における実践の役割を理解している。ソーシャルワーカーは、ミクロ・メゾ・マクロレベルでの自身の実践現場のなかで政策の開発と実施における自身の役割を理解し、そのなかで効果的な変化に向けて政策実践に積極的に取り組んでいる。ソーシャルワーカーは、社会政策に影響する歴史的・社会的・文化的・経済的・組織的・環境的・世界的な影響について認識し理解する。また、政策の策定・分析・実施・評価についての知識をもっている。

ソーシャルワーカーは：
○福利、サービス提供、社会サービスへのアクセスに影響する地方・州・連邦レベルでの社会政策を特定する
○社会福祉と経済政策が社会サービスの提供とアクセスにいかに影響するか評価する
○クリティカル・シンキングを適用して、人権と社会的・経済的・環境的な正義を促進する政策を分析、策定、擁護する

⑹ 個人、家族、グループ、組織、コミュニティと関わる

ソーシャルワーカーは、エンゲージメント（関係構築および取り組みの合意形成）が多様な個人、家族、グループ、組織、コミュニティとともに、またそれらに代わって行うソーシャルワーク実践の力動的で相互作用的なプロセスのなかの継続的な要素だということを理解している。ソーシャルワーカーは、人間関係の重要性を重視している。ソーシャルワーカーは、人間行動と社会環境についての理論を理解し、この知識をクリティカルに評価して、個人、家族、グループ、組織、コミュニティといったクライエントや関係者とのエンゲージメントを促進するために適用する。ソーシャルワーカーは、実践の効果を高めるために、多様なクライエントや関係者との間で関係づくりをする戦略について理解している。ソーシャルワーカーは、自身の個人的な経験と情緒的な反動が多様なクライエントや関係者に関わる能力にどのように影響するかを理解している。ソーシャルワーカーは、クライエントや関係者、また必要に応じて他の専門職とのエンゲージメントを促進するために、関係構築や多職種間連携の原則を重視する。

ソーシャルワーカーは：
○クライエントや関係者に関わるために、人間行動や社会環境、環境のなかの人、そしてその他の学際的な理論的枠組の知識を適用する
○多様なクライエントや関係者に効果的に関わるために、共感、反射、対人スキルを活用する

⑺ 個人、家族、グループ、組織、コミュニティのアセスメントを行う

ソーシャルワーカーは、アセスメントが多様な個人、家族、グループ、組織、コミュニティとともに、またそれらに代わって行うソーシャルワーク実践の力動的で相互作用的なプロセスのなかの継続的な要素だということを理解している。ソーシャルワーカーは、人間行動と社会環境についての理論を理解し、この知識をクリティカルに評

価して、個人、家族、グループ、組織、コミュニティといった多様なクライエントや関係者のアセスメントに適用する。ソーシャルワーカーは、実践の効果を高めるために多様なクライエントや関係者のアセスメントを行う方法を理解している。ソーシャルワーカーは、アセスメントプロセスのなかでより広い範囲で実践することの意味を認識し、そのプロセスにおいて専門職間の連携・協働の重要性を重視する。ソーシャルワーカーは、自身の個人的な経験や情緒的な反応がどのようにアセスメントや意思決定に影響する可能性があるかを理解している。

ソーシャルワーカーは：
○データを収集・整理し、クリティカル・シンキングによってクライエントや関係者からの情報を解釈する
○クライエントや関係者からのアセスメントデータを分析する際には、人間行動や社会環境、環境のなかの人、その他の学際的な理論的枠組の知識を活用する
○クライエントと関係者のストレングス、ニーズ、困難についての重要なアセスメントにもとづいて、相互に合意できる介入目標と課題を設定する
○アセスメントや調査による知見、クライエントと関係者の価値と選好にもとづいて、適切な介入の戦略を選ぶ

⑻ 個人、家族、グループ、組織、コミュニティに介入する

ソーシャルワーカーは、介入が多様な個人、家族、グループ、組織、コミュニティとともに、またそれらに代わって行うソーシャルワーク実践の力動的で相互作用的なプロセスのなかの継続的な要素だということを理解している。ソーシャルワーカーは、個人、家族、グループ、組織、コミュニティを含むクライエントと関係者の目標を達成するための根拠にもとづく介入について知識をもっている。ソーシャルワーカーは、人間の行動と社会環境についての理論を理解しており、この知識を評価し、クライエントと関係者に効果的に介入できるように活用する。ソーシャルワーカーは、クライエントと関係者の目標を達成するための根拠にもとづく介入を特定し、分析し、実施する方法を理解している。ソーシャルワーカーは、介入において専門職間のチームワークとコミュニケーションを重視し、良い結果を得るためには学際的、専門職間、組織間の協働が必要になる可能性があることを認識している。

ソーシャルワーカーは：
○実践目標を達成し、クライエントや関係者の能力を強めるために、注意深く介入を選んで実施する
○クライエントや関係者に介入する際には、人間行動や社会環境、環境のなかの人、その他の学際的な理論的枠組についての知識を活用する
○有益な実践結果を得るために、必要に応じて専門職間で連携・協働する
○多様なクライエントや関係者と、そして彼らに代わって、交渉、仲介、代弁をする
○相互に合意した目標に向かって進めるような効果的な移行と終結を促進する

⑼ 個人、家族、グループ、組織、コミュニティへの実践を評価する

ソーシャルワーカーは、評価が多様な個人、家族、グループ、組織、コミュニティとともに、またそれらに代わって行うソーシャルワーク実践の力動的で相互作用的なプロセスのなかの継続的な要素だということを理解している。ソーシャルワーカーは、実践、政策、サービス提供を効果的に向上させるためにプロセスと結果を評価することの重要性を認識している。ソーシャルワーカーは、人間行動と社会環境についての理論を理解しており、この知識を評価し、結果を評価する際に活用する。ソーシャルワーカーは、結果と実践の効果を評価するための量的・質的な方法について理解している。

ソーシャルワーカーは：
○結果評価のために、適切な方法を選んで使う
○結果評価の際には、人間行動や社会環境、環境のなかの人、その他の学際的な理論的枠組についての知識を活用する
○介入およびプログラムのプロセスと結果を注意深く分析し、モニターし、評価する

○評価で発見したことを、ミクロ・メゾ・マクロレベルにおける実践効果を改善する
ために活用する

出典：日本ソーシャルワーク教育学校連盟「ソーシャルワーク演習のための教育ガイドライン」pp.6-
9，2020．を一部改変

2　ソーシャルワーク演習のねらい

　社会福祉士養成課程および精神保健福祉士養成課程のソーシャルワーク演習は、両課程共通の本科目「ソーシャルワーク演習［共通科目］」と各課程の専門科目「ソーシャルワーク演習［社会専門・精神専門］」から構成されている。導入科目である本科目のねらいは次のとおりである[1)2)]。

❶　ソーシャルワークの知識と技術に係る他の科目との関連性を踏まえ、社会福祉士及び精神保健福祉士として求められる基礎的な能力を涵養する。

❷　ソーシャルワークの価値規範と倫理を実践的に理解する。

❸　ソーシャルワークの実践に必要なコミュニケーション能力を養う。

❹　ソーシャルワークの展開過程において用いられる、知識と技術を実践的に理解する。

　本書では、これらのねらいに沿って、第2章ではソーシャルワーカーの基本的な見方・捉え方である人と環境の交互作用について、第3章ではソーシャルワークの価値基準や倫理に基づくソーシャルワークの対象、機能と役割について取り上げる。それらを踏まえ、第4章ではコミュニケーション技術と面接技術、第5章ではミクロ・メゾ・マクロの三つのレベルの関連性を意識したソーシャルワークの展開過程、第6章では実習後の演習として事例検討・事例研究とスーパービジョンを取り上げる。なお、ミクロ・メゾ・マクロの実践レベルについては諸説あるが、本書では**表1-10**のとおりとする。各章の節において学ぶ目標となるコンピテンシーを提示するので、演習に取り組む際は、ここに戻って、具体的にどのような行動ができることを目標とするか確認してほしい。具体的に「こうなることを目指す」というイメージをもって演習に取り組むことで、演習の理解が深まるだろう。

表1-10　ミクロ・メゾ・マクロの実践レベル

ミクロレベル	直接援助の対象である個人と家族への介入。
メゾレベル	家族ほど親密ではないが、グループや学校・職場、近隣など有意義な対人関係があるレベルで、クライエントに直接、影響するシステムの変容をめざす介入。
マクロレベル	対面での直接サービス提供ではなく、社会問題に対応するための社会計画や地域組織化。

出典：日本ソーシャルワーク教育学校連盟「ソーシャルワーク実習指導・実習のための教育ガイドライン」
　　　p.42, 2020.

◇**引用文献**
1）厚生労働省社会・援護局福祉基盤課福祉人材確保対策室「社会福祉士養成課程のカリキュラム（案）」p.58, 2019. https://www.mhlw.go.jp/content/000525183.pdf
2）厚生労働省社会・援護局障害保健福祉部精神・障害保健課「精神保健福祉士養成課程のカリキュラム（案）」p.61, 2019. https://www.mhlw.go.jp/content/12205000/000524188.pdf

◇**参考文献**
・Council on Social Work Education, 'Educational Policy and Accreditation Standards for Baccalaureate and Master's Social Work Programs', 2015. https://www.cswe.org/getattachment/Accreditation/Standards-and-Policies/2015-EPAS/2015EPASandGlossary.pdf.aspx
・日本ソーシャルワーク教育学校連盟「ソーシャルワーク演習のための教育ガイドライン」2020.

第2章

人と環境の交互作用

　本章では、ソーシャルワークの基盤にある、人と環境の交互作用に焦点を当てる視点を取り上げる。第1節では、クライエントの理解や支援にあたって、ソーシャルワークが人と環境の交互作用に焦点を当てていくことを学んでいく。また、第2節では、他者であるクライエントを理解するにあたって、ソーシャルワーカーは、自身をクライエントの環境の一部と位置づけ、自身をも分析の対象とし、自己理解を図っていくことを学んでいく。これらを通して、実践家やソーシャルワークを学び始めた学生が、自身の活動を適切な方向に導く基礎となる考え方や態度を身につけていく。

第1節 人と環境の交互作用

1 演習のねらい

　実践家やソーシャルワークを学び始めたばかりの学生は、自身の活動を適切な方向に導く基盤となる考え方を身につけることが必要である。そこで、本演習では、生活モデルやシステム理論、バイオ・サイコ・ソーシャルモデルの三つのモデルを取り上げ、人と環境の交互作用に焦点を当て人間理解に取り組むソーシャルワークの基本的視点について学んでいく。演習を通して、コンピテンシー（pp.12-16参照）7の「個人、家族、グループ、組織、コミュニティのアセスメントを行う」という力量の形成を目的としている。

2 人間理解の視点
──生活モデル

1 演習のポイント
・生活モデルに基づく実践と生活モデルに基づかない実践とを弁別できる。
・生活モデルの基本概念を説明できる。
・生活モデルの基本概念とソーシャルワーク実践との関連性を説明できる。

2 演習課題
❶　事例1を読んで、精神保健福祉センターのソーシャルワーカーが生活モデルの視点から行うクライエントの理解として、最も適切なものを次のA～Dのなかから一つ選びなさい。

事例1

　ある夫婦が、精神保健福祉センターのアルコール依存症の家族の相談窓口を担当するソーシャルワーカーのAさんのところにやってきて、次のような話をした。

妻：夫がお酒を控えてくれなくて困っています。休日は朝から1日中ビールを飲んでいます。控えるように言っているのですが、聞いてくれません。

夫：妻はなにかと私の行動に口出しをしてきます。妻がうるさいので、飲まずにはいられないです。

妻：夫はこんな調子で、飲み続けています。先日も、夫は一晩で日本酒一升を飲みほし、酔いつぶれて朝起きられず、仕事を欠勤してしまいました。こんなだから、私が飲まないように言わざるを得ないんです。

夫：この間は少し飲み過ぎただけなのに、妻はグチグチとうるさいんです。

A　夫婦喧嘩の原因は、妻が夫に飲酒を控えさせようとしているからである。

B　夫婦喧嘩の原因は、夫が飲酒を控えることができないからである。

C　夫婦は自分たちでは建設的な話し合いを行えず、機能不全に陥っている。

D　夫に酒を控えさせようとする妻の努力と、日常のストレスを自分で解消しようとする夫の努力がぶつかり、悪循環になっている。

❷　その選択肢を生活モデルの視点から行ったクライエントの理解と考えたのはなぜか。生活モデルの概念とどのように関連しているかを説明しなさい。

3 解説

❶ソーシャルワークにおける人間理解の視点

　ソーシャルワークはしばしば、心理的ニーズから社会的ニーズまで多様なクライエントの関心事を対象に行われる。このような幅広いクライエントの関心事や活動を扱っていくためには、自身の活動を適切な方向に導いてくれる基盤となる考え方が必要となる。

　このソーシャルワークの活動を適切な方向に導いてくれる対象把握の視点の一つに、生活モデルがある。生活モデルとは、ジャーメイン（Germain, C.）とギッターマン（Gitterman, A.）が、有機体と環境との間の関係を研究する生態学理論をソーシャルワークに援用し、発展

させてきた理論モデルである。この生活モデルは、**人と環境の交互作用**（transaction）を重視することで人間の問題を理解し、**人と環境との接触面**（interface）に介入することを提案している。この理論は、特定の問題を対象に適用される介入方法というよりも、ソーシャルワークに広く共通する視点および知識を提供するものである。多くのソーシャルワークの研究者が、ソーシャルワークの実践の基礎となる有用な考え方であるとしている。

❷居住環境と生態的地位

生活モデルの基礎的な概念の一つに、**居住環境**と**生態的地位**がある。これは環境が、個人や家族、集団に与える強い影響を理解することに役立つ概念である。

居住環境（habitat）とは、居住地や行動圏、縄張りなどのように、有機体が見出される場所のことであり、人間では個人やグループの周りにある物理的環境や社会的環境のことである。人間にとっての物理的な居住環境には、田舎や都会、また、住居や交通システム、職場、学校、宗教的な建造物、社会的機関、病院、公園やレクリエーション設備、娯楽施設、図書館、博物館などの文化的施設などが含まれている。個人や家族の成長や健康、社会的機能を支援せず、また、地域社会に快適さを提供しない居住環境は、個人や家族に孤立や混乱、失意を生み出す傾向がある。このような居住環境は、家族の基本的機能と地域社会での生活との接触面にあると考えられる[1]。

また、**生態的地位**（niche）とは、地域社会の社会構造内で、その集団や個人が占めている地位のことである。成長を助け、健康を増進する、人間の生態的地位を構成するものが何かということについては、社会や時代によって異なり、さまざまに定義されている[2]。日本では、日本国憲法により国民に等しく基本的人権が認められており、これが生態的地位を形づくっていると考えられる。一方、多くの子どもや大人は、日本国憲法で保障されている基本的人権が守られない生態的地位を占めている。このような生態的地位は、政治的、社会的、経済的構造のなかにある力の誤用を社会が容認することによって形づくられ、維持されている。

これらの生活モデルの概念からは、人間の機能の状況は、その人間の暮らす居住環境の状況やそこに占める人間の生態的地位との関連性のなかで理解されることがわかる。たとえば、事例１に出てくる夫婦では、夫の飲酒行動や夫の飲酒を控えさせようとする妻の行動、夫婦のいさかいは、夫や妻個人の機能状況を見るだけでは十分ではなく、夫婦が暮ら

す居住環境の状況やそこに占める夫婦の生態的地位との全体的な関連性のなかで理解していくことが必要となる。もし、夫婦の暮らす居住環境が、経済不況により失業者が多く出ている状況にあり、そのなかで夫は自身の労働権を守られにくい生態的地位にいるとすれば、地域の経済状況の悪化は夫に大きなストレスを与え、夫の飲酒は深まり、妻の夫の飲酒への心配は大きくなるだろう。このように「環境のなかの人」として捉えていくのである。

❸人と環境の交互作用

ソーシャルワークの目的は、人々が自身のために適切な生態的地位を築く機会を広げて、社会正義を促進していくことである。生活モデルは、個人は常に環境内にあるほかの人間やほかのシステムと交互作用を行っており、これらの個人やシステムは円環的に相互に影響しあっていると仮定している。

それぞれのシステムは独自の存在であり、その特性や相互のやりとりの仕方も異なっている。その結果、人間は単に環境からの要請に応じるだけでなく、環境に対して働きかけ、ほかの人や家族、グループ、機関、物理的環境からの反応を形づくっている。たとえば、人々は、住む地域を変えたり、住まいを新しくしたり、都市を衰退させることに反対し、安全な空気や水を守り、障害のある人や高齢者のための住宅を提供するような政策をつくり、支持したりする。

このように生活モデルは、個人やシステムが円環的に相互に影響しあっていると仮定し、個人やシステムの間のやりとりを理解していこうとするが、このような生活モデルの仮定は、「物事には何らかの原因が存在し、その原因の結果として現在の問題が生起している」と仮定する物事の見方（これを**直線的思考**という）とは異なっている。直線的思考では、先行する変数 A が適当なある時点で B に影響を及ぼすが、一方 A は変化せず一定であると仮定している。たとえば、事例 1 で取り上げた夫婦について、彼らのいさかいの原因を、夫にとっては「妻の小言」であり、妻にとっては「夫の飲酒」であると、一対一の原因と結果の関係で捉えるなどである（**図 2-1**）。このような直線的思考は一部の単純な人間の現象を説明するのに適しているが、ソーシャルワークの実践で遭遇するような複雑な人間の現象を捉えきるには限界がある。

そこで、生活モデルでは、「個人やシステムは円環的に相互に影響しあっている」とする見方（これを**円環的思考**という）をすることにより、複雑な人間の現象を理解しようとしていく。つまり、現実の世界では、

図2-1　直線的思考による見方

結果であると思われた現象が、次に起こる現象の原因となり、その結果、別の現象が生起するということが起きる…といったように、継続的に相互に影響を及ぼしあう円環であると捉えるのである（**図 2-2**）。この見方からは、たとえば、事例１の夫婦のやりとりは、夫によかれと思って飲酒を控えさせようとした妻の行動と、妻に直接イライラをぶつけず日頃のストレスを解消しようとした夫の行動とがぶつかって悪循環になっていると理解することができる。生活モデルでは、この円環的思考によって、家族システム内の家族構成員間の関係性のみならず、家族と社会システムとのやりとりをも理解していく（**図 2-3**）。

　そのため、人間の問題を適切にアセスメントし、支援をプランニングするにあたっては、人々と環境とがどのように交互に影響しあっているかをよく考えることが重要となる。アセスメントを行う際に、人と環境の交互作用をよく把握することの重要性は、ここ数十年の間に、人間の問題についての見方が転換されてきたことに反映されている。「障害」については、個人の身体・精神的機能などの生物的側面のみならず、心理社会的側面を重視する見方へと転換されてきている。たとえば、我が国で精神障害者の生活支援に取り組んだ谷中は、「日常生活の中の症状、病理の問題をひきずるのではなく、症状があっても社会生活を送ること

図2-2　円環的思考による見方

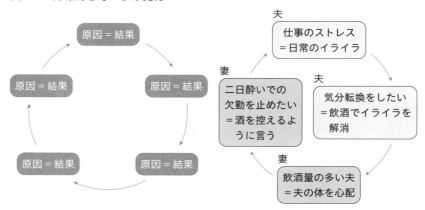

図2-3　家族と社会システム間の交互作用

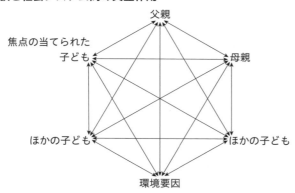

出典：Johnson, L. C. & Yanca, S. J., *Social Work Practice : A Generalist Approach 7 th Edition*, Allyn & Bacon, 2001.（L. C. ジョンソン・S. J. ヤンカ，山辺朗子・岩間伸之訳『ジェネラリスト・ソーシャルワーク』ミネルヴァ書房，p.112, 2004.）をもとに筆者作成

は可能であるとの視点から、その人の環境に目をやり、どのような生活空間だったら住みやすいかを検討すべき」であると述べ、「障害（disability）」を個人の身体的・精神的機能の状態と、社会環境との交互作用のなかで捉え、障害者の暮らす環境が身体的・精神的機能を補完するような資源を提供しているかに注目することの重要性を指摘している[3]。このように、身体上および精神上の制約のある人々が必要としているものと、リハビリテーションプログラムや居住場所、教育、ソーシャルサポートシステム、障害への適切な理解など、特別に必要としているものに対応する環境内の資源との間の適合状態*を最大化することで、障害者などの経験している機能の不全は最小にすることができる。したがって、ソーシャルワーカーは結果よりも原因に関心をもつことを少なくし、人と環境との間の不適合状態を変化させることを支援していくことに力を注いでいかなければならない。

❹必要な資源の開発

　人間が必要としていることを満たし、成長や発達を促進していくためには、環境内にそれを支える適切な資源が必要である。たとえば、子どもが学習を行えるようにするには、適切な学校や能力のある教員、親の理解や支援、経済的補助、教材、移動手段、住民ボランティアなどの外部環境の資源や、本人の能力や意欲、関心などの内部環境の資源があり、それを利用できることが必要となる。一方、クライエントが必要としていることと環境内にある資源との間にギャップがあったり、個人がこれらの資源を利用することに制約を抱えていたり、個人と環境上のシステムとの間の交互作用がうまくいっていなかったりして、人間の必要とす

★**適合状態**
人と環境の交互作用がバランスを保っている状態のこと。結果として、人と環境に相互の利益をもたらす。

るものが適切に充足されていない場合、その個人はストレスを経験することとなる。[4]

　このストレスを軽減したり、取り除いたりするためには、必要とするものを得られるよう対処＊することが必要である。つまり、人と環境の適合を適応的にしていくのである。この人と環境の適合を適応的にしていくために、ソーシャルワーカーは、二つの方向性の介入を行っていく。

　第一は、クライエントが必要としていることに環境が応答的となるよう、環境を変えていく介入である。人々が自身の必要としていることを満たす資源にアクセスすることができない場合には、別の資源を探すことを助け、資源を新たに作り出すなどをして、クライエントを資源に結びつけていく。たとえば、事例１の夫婦の場合、夫を日々のストレス（たとえば、失業）に対処することを助ける外部の資源（たとえば、就労支援サービス）に結びつけていくなどが挙げられる。

　第二は、知覚された環境からの期待や要求に応じていくために、クライエントを変えていく介入である。人々が効果的に対処するスキルをもっていない、または資源が地域になく調達できない場合には、クライエントが新たなスキルを得られるようにしていく。たとえば、事例１の夫婦の場合、夫がストレスに対処する方法として飲酒する以外のより安全な方法を用いることができるようにする、夫婦がアルコール関連問題についての知識を得られるようにするなどが挙げられる。このような二つの方向性の介入によって、生活モデルではよりよい適合した状態を達成するため、人と環境の交互作用を変化させていく。

3 ▶ 社会システムの視点から 人と環境の交互作用を理解する

■1 演習のポイント

・人間を取り巻く環境を社会システムの視点から把握できる。

・エコマップを用いて人と環境の交互作用を分析できる。

・システム理論の視点から、介入の対象を分析できる。

■2 演習課題

❶　インフルエンザに罹患したことが疑われる大学生と交互作用をしている社会システムを想像して、それらをすべて書き出してみよう。書き出したあとに、自分とそれらの社会システムとの関係をよいか悪い

か評価し、その理由を考えてみよう。

❷ 事例2を読み、Bさん家族とBさん家族を取り巻く環境との交互
作用を分析してみよう。

① エコマップを作成し、Bさんと家族を取り巻く社会システムとの
関係性を把握する。

② Bさんがどのような問題に直面しているかを考え、それを書き出
す。

③ ②で挙げた問題について、解決や変化を望んでいるのは誰か（ク
ライエントシステム）を考え、エコマップ内のその人もしくはシス
テムを青色のペンで色をつける。

④ 問題を解決するために変化させる焦点となる人もしくはシステム
（ターゲット・システム）は何か、どのように変化させる必要があ
るかを考え、それをエコマップに赤色のペンで書き込む。

⑤ 問題を解決するために、協力を得られるフォーマルまたはイン
フォーマルな資源や人（アクション・システム）は何かを考え、そ
れを書き出す。

事例2

　ある高校に勤務するスクールソーシャルワーカーの田中さん（30代、女性）は、「『家族の介護のことで、進路について考えられない』と言っているので、相談にのってあげてほしい」とクラス担任の依頼を受け、3年生の生徒Bさんと会うことになった。以下、田中さんがBさんから聞き取った内容である。

　Bさん（17歳、男性）は、現在、会社員の父親（47歳）、専業主婦の母親（45歳）、中学3年生の弟、母方の祖父（75歳）との五人暮らしである。両親はいずれも一人っ子であり、周囲に親戚はいない。Bさんの家族は、Bさんが小学3年生のときに、祖父の所有する家を改修し、祖父母と同居するようになった。以降、歴史好きの祖父から話を聴くのが、Bさんの楽しみの一つとなった。祖父の影響もあり、Bさんは大学に進学し史学を学びたいと考えるようになった。

　ところが、Bさんは3年次の春頃から、高校を遅刻しがちである。遅刻をしない日でも、始業時間ギリギリに学校に駆け込む状態である。また、宿題をし忘れることがあり、先日グループで行った調べものの発表では、準備が整わず満足のいく発表をすることができなかった。授業終了後、Bさんは授業を担当する教員から、授業に身が入っていないと注意を受けた。Bさんは教員の期待に応えられない自分を不甲斐なく感じている。

　一方、Bさんは、どのようにしたら、以前のように遅刻なく学校に通い、宿題に集中して取り組めるのか、見通しをもてずにいる。Bさんが遅刻をしだしたのは、3か月前に脳

梗塞で倒れて入院していた祖父が、リハビリテーションを終えて、自宅に戻ってきてからのことである。祖父は左半身に麻痺が残り、ベッドからの起き上がりや排泄など身の回りのことを行う際に介助が必要となっていた。退院の際、祖父は病院から勧められた介護サービスの利用を断ったようで、祖父の介護は母親が1人で行っていた。しかし、思うように体が動かないことに苛立った祖父に怒鳴りつけられたり、夜中に何度も起きて祖父のトイレ介助を続けるなか、母親自身が苛立って祖父と口論したり、気分の落ち込みから寝込むことが多くなった。Bさんが小学校入学時に、母親はうつ状態となり家事をできなくなることがあった。その後、病状は改善し、母親は精神科クリニックに通院しながら、家事すべてを引き受けBさん家族の生活を支えた。母親は生真面目で、家族の世話や介護は自身がしなければいけないと感じている。母親が以前の状態に戻ってしまうのではないか、祖父に手を上げてしまうのではないかと心配したBさんは、父親と相談し、Bさんは朝食の準備・片づけや祖父の朝夜のトイレ介助を、弟は夕食の買い物を、残業の多い父親は休日の家事を、母親に代わり行うことになった。

　Bさんが介助を行うと祖父は機嫌がよく、また、母親も負担が減り気分が楽になる様子で、Bさんは家族の役に立っていることに誇りを感じている。しかし、実際に介護を始めてみると、朝は家事で忙しく、祖父のペースに合わせて動かなければならないため、学校に行く時間になっても家を出られないことが続いている。学校が終わると、楽しみだった吹奏楽の練習も休み、急いで家に帰っている。また、家では宿題をする時間を確保できずにいる。休み時間にクラスメイトとたわいのない話をすることが気分転換となっているが、「介護と学校とを両立する苦労などクラスメイトにはわからないだろう」と孤立感を感じている。「家族のことは家族でしなければいけない」と思うので、介護をこれからもするとなると、進学はあきらめたほうがよいのかとも思ってしまう。

3 解説

❶さまざまな社会システム

　人間のニーズは、人が機能している大きなシステムを抜きにして考えることはできない。そのため、生活モデルにおけるアセスメントでは、人間がかかわっているさまざまなシステムに関する知識が必要とされる。システム理論は、交互作用に注目して対象把握を行っていくことから生活モデルと親和性が高く、生活モデルと同時に用いていくことができる。

　システムとは、複数の要素が有機的に関係しあい、全体としてまとまった機能を発揮している要素の集合体である。すべてのシステムは、より大きなシステムの構成要素の一つであると同時に、より小さなシス

テムから構成されている。つまり、システムはほかのシステムの下位システムであると同時に、自らを構成する部分である下位システムをもつ。大きなシステムほど、より多くの構成要素をもっている。たとえば、事例 2 の B さんの場合、彼は家族や学校といったシステムを構成する下位システムであり、家族や学校は地域社会を構成する下位システムである。このようなシステムには、次のような多様なレベルがある。[5]

・個人内のサブシステム—身体面、認知面、感情面、行動面、動機面
・個人間のシステム—親、子、配偶者、家族、親戚、友人、近隣者、同僚、学校や文化準拠集団、精神性の信条を共有するシステム、ソーシャルネットワークのほかのメンバー
・施設、機関、組織
・物理的環境—住居、近隣の環境、建物、他の人工物、水

　これらの社会システムは、下位システムとみなすこともでき、環境とみなすこともできる。たとえば、大学生は、家族やゼミ、友人グループ、サークル、大学、アルバイト先といったシステムを構成する下位システムであるが、見方を変えると、それらは大学生にとっての環境ともみることができる。社会システムは、人間を取り巻く環境をより詳細に理解していくことを助けてくれる。

　システムの境界内では、物理的または精神的エネルギーが継続的に交換されており、交換は境界を越えて行われるよりもしばしばその内部で行われている。ここでいうエネルギーとは、行為や資源（努力や金銭、時間など）、情報を意味している。また、システムには閉じられたシステムと開かれたシステムとがある（**図 2-4**）。

　閉じられたシステムでは、境界を越えたエネルギーの交換は行われていない。一方、開かれたシステムでは、エネルギーの交換が境界を越えて出て行ったり、浸透したりしている。たとえば、大学生であれば、自

図2-4　システムの概念

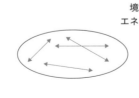
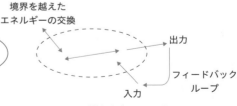

A．システム
外部とよりも、境界の内部でより多くのエネルギーが交換されている

B．閉じられたシステム
境界を越えたエネルギーの交換は行われていない

C．開かれたシステム
境界を越えてエネルギーの交換が行われている

出典：Payne, M., *Modern Social Work Theory 4 th Edition*, Palgrave Macmillan, p.191, 2014. をもとに筆者作成

身の属するサークルというシステムでは、外部の人々とよりも、内部の人々との間でエネルギーのやりとりがより多くなされているだろう。一方で、サークルのなかでも、閉じられたシステムをもつ団体と開かれたシステムをもつ団体があるだろう。また、事例 2 に出てくるスクールソーシャルワーカーの田中さんが、B さん家族に対し援助や情報を提供し、追加で何らかの社会保障サービスを得られるようにしたとしたら、それは家族システム内にエネルギーを注いでいると考えられる。

❷エコマップ

　生活モデルやシステム理論は、実践において問題が何から生じているかをアセスメントし、介入の焦点を決定する際に活用される。アセスメントを行うにあたっては、クライエントが情報を集めることに取り組むことを助ける必要がある。個人や家族の周りにあるシステムのもつストレングスや資源、課題の発見を助けてくれる道具が開発されており、それをクライエントと利用することができる。たとえば、状況のなかにある家族を視覚的に捉えるための道具の一つとして、エコマップがある。

　エコマップは、クライエントとその家族との関係や、クライエントを含む家族とその周辺にいる人や社会資源との複雑で多岐にわたる関係を図式化して示す地図のようなものである。たとえば、エコマップは図 2-5 のように描かれる。これは、事例 2 の B さんのエコマップである。

　クライエントの抱える生活上の課題は、クライエント単独で生じるのではない。家族やクライエントを取り巻く人たちとの関係や、社会資源との関係（社会資源に結びついていない、社会資源との関係がないことを含む）から生起する。クライエントのニーズは福祉サービスの充足状況や、その他の社会資源との関係性においてみられるサービスの欠損状況、供給の偏りなどとの関連において理解される必要がある。そこで、エコマップは、このクライエントのニーズの発生や充足に影響を与えるクライエントとクライエントの周囲にある人や社会資源などのシステムとの関係を明らかにしていく。たとえば、図 2-5 のエコマップを見ると、B さん家族は母親への医療サービスを得られている一方で、祖父への介護サービスを得られていない状況があることや、B さんは学校で生徒としてのサポートを得るとともに、B さんがヤングケアラー*であることから生じるニーズ（学校と介護の両立の支援や孤立感の軽減）についての認識は学校・地域ともに不足している状況にあることがわかる。また、エコマップは、それをクライエントとともに作成することで、クライエントの視点からみたクライエントと外部システムとの関係を把握す

★ヤングケアラー
本来大人がやると想定されるような家事や家族の世話などを日常的に行っている 18 歳未満の子どものこと。子どもがケアをしている相手は病気や障害の状態にある親やきょうだい、祖父母などである。

図2-5 Bさんのエコマップ

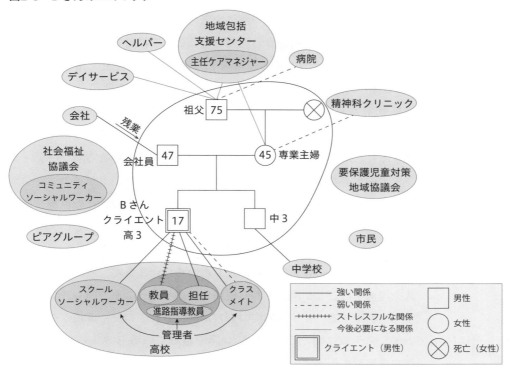

ることができる。

❸ソーシャルワークの基本システム

　システム理論は、問題状況に参加し関連しているシステムに対し、何をすべきかを決めていく際に用いることができる。このプランニングの段階で、ソーシャルワーカーは、さまざまな一連の利用可能な実践理論と介入方法を調べる。効果が最大限となるよう、介入はすべてのレベルに直接的に行われなければならない。

　ピンカス（Pincus, A.）とミナハン（Minahan, A.）は、ソーシャルワークにシステムの考え方を取り入れて、ソーシャルワークの四つのシステムモデルを提示している。

　この第一のシステムである、チェンジ・エージェント・システムとは、目標となる問題に働きかけることに取り組むソーシャルワーカーとソーシャルワーカーをチェンジ・エージェントとして雇う機関や組織を含むシステムのことである。事例2の場合は、Bさんを支援するスクールソーシャルワーカーはチェンジ・エージェント、スクールソーシャルワーカーの所属する学校（または教育委員会）はチェンジ・エージェント・システムに当たる。

第二のシステムであるクライエントシステムは、チェンジ・エージェントを認め、そのサービスや解決を求めている人々を含むシステムのことである。彼らは、解決から利益を得ることを期待し、それを受け取ることの契約を結ぼうとする。事例2の場合は、学校を欠席しがちな状況や進路の見通しの立たない状況についての変化を望んでいるBさん自身や、Bさんのことを心配する両親がクライエントシステムに当たる。

　第三のシステムであるターゲット・システムは、目標達成のために変化することが必要とされている人々や組織体のことである。ソーシャルワーカーが取り組まなければならない重要な課題は、クライエントシステムとともに変化を起こしていくための目標を設定し、その目標を達成するために変化させなければならないであろう特定の人々や組織体（ターゲット）を決めることである。事例2の場合は、Bさんの介護負担を軽減することを目標に設定したならば、Bさん家族に介護サービスを提供することが期待される地域の介護サービス事業所や、介護サービスを利用することへの態度の変容が期待される祖父や母親がターゲット・システムに当たる。また、介護を担っているBさんへの学校の理解的な態度を促進することを目標と設定したならば、Bさんの遅刻の多さや宿題等の課題達成の不十分さを自動的に叱るのではなく、Bさんの状況を聴き、課題の取り組み方等に合理的配慮を提供することが期待される教職員や、Bさんが進路を見出せるよう励ましていくことが期待される進路指導教員がターゲット・システムに当たる。さらに、地域にはヤングケアラーのピアグループがなく、ヤングケアラーが集まれる場をつくり、そこにBさんも参加できるようにすることを目標に設定したならば、ヤングケアラーのピアサポートのニーズについての認識を高めることが期待される市民やボランティアグループや子ども支援団体の人々、家族介護者支援施策の立案を行うことが期待される行政職員や議員などがターゲット・システムに当たる。変化させることが必要なのはクライエントシステムであるとは限らないことや、ターゲット・システムは変化することに同意することもあれば、反発し抵抗することもあることに留意しておくことが重要である。

　第四のシステムであるアクション・システムは、目標を達成し、ターゲット・システムに影響を与えるために、ソーシャルワーカーが一緒に活動することを必要とするフォーマルまたはインフォーマルな資源や人々のことである。チェンジ・エージェントは、異なる課題の解消を成就し、異なる目標を達成するために、いくつかの異なるアクション・シ

ステムと活動することがある。事例 2 の場合は、介護サービス事業所や祖父や母親に影響を与えることができるであろう父親や地域包括支援センターの主任ケアマネジャー、学校の教職員に影響を与えることができるであろう学校の管理者や生徒指導担当教員、市民やボランティア、子ども支援団体に影響を与えることができるであろう市町村の要保護児童対策地域協議会を担当する職員や社会福祉協議会のコミュニティソーシャルワーカーなどである。ヤングケアラーを含む介護者の直面する問題について世論に訴えることのできるマスコミに協力をあおぐ場合もあるだろう。

　ソーシャルワーカーは、チェンジ・エージェントとしてこれらの四つのシステムをつなぐ要となって、それぞれのシステムに働きかけ、全体の交互作用を動かす媒体として機能する。

4 バイオ・サイコ・ソーシャルモデルによる理解

1 演習のポイント

・「生理的なもの」「心理的なもの」「社会的なもの」の交互作用をどのようにアセスメントするかを説明できる。
・個人内の機能を身体面、認知面、感情面、行動面、動機面から把握できる。
・環境因子がクライエントシステムに与える影響をアセスメントできる。

2 演習課題

　インフルエンザにかかった大学生を想像して、バイオ・サイコ・ソーシャルモデルと国際生活機能分類（International Classification of Functioning, Disability and Health：ICF）のそれぞれを使って、大学生の社会的機能を把握・分析しよう。

❶バイオ・サイコ・ソーシャルモデルを使って把握する

❶　インフルエンザのときに大学生にはどのような症状が身体面に発生するかを想像して、それをインフルエンザの病名とともに図 2-6 の「バイオ（生理的・身体的機能状態）」の欄に記入する。

❷　❶で記入した症状があると、大学生の精神面・感情面の健康や認知機能、行動傾向はどのような影響を受けるかを想像して、それを図 2-6 の「サイコ（精神的・心理的状態）」の欄に記入する。

図2-6　バイオ・サイコ・ソーシャルモデルからみた大学生の社会的機能

バイオ （生理的・身体的機能状態）	サイコ （精神的・心理的状態）	ソーシャル （社会環境状態）

❸　❶で記入した症状や❷で記入した精神状態があると、大学生の対人関係や社会生活はどのような影響を受けるかを想像して、それを**図2-6**の「ソーシャル（社会環境状態）」の欄に記入する。

❹　❶で記入した症状や❷で記入した精神状態があっても、大学生が維持できている対人関係や社会生活を想像して、それを**図2-6**の「ソーシャル（社会環境状態）」の欄に記入する。

❺　❹で記入した関係が維持されていると、大学生の精神面・感情面の健康や認知機能、行動傾向はどのような影響を受けるかを想像して、それを**図2-6**の「サイコ（精神的・心理的状態）」の欄に記入する。

❻　❹で記入した関係や❺で記入した精神状態があると、大学生は身体面の症状はどのような影響を受けるかを想像して、それを**図2-6**の「バイオ（生理的・身体的機能状態）」の欄に記入する。

❼　小グループでそれぞれが作成した図を比較し、気づいたことを話しあう。

❷ ICFを使って社会的機能を把握する

❶　**図2-7**の「健康状態＜変調または病気＞」の欄にインフルエンザと記入し、そのときにどのような症状が発生するかを想像して、「心身機能・身体構造＜機能障害・構造障害＞」の欄に記入する。

❷　❶で記入した症状があると、現在の生活で行いにくいと思われる活動（動作）は何か、また、参加できないと思われる場面は何かを想像する。それらを**図2-7**の「活動＜活動制限＞」「参加＜参加制約＞」の欄に記入する。逆に、＜活動制限＞＜参加制約＞の状態があると、心身にどのような影響が生じるかを想像し、「心身機能・身体構造＜機能障害・構造障害＞」の欄に記入する。

❸　❶で記入した症状があっても、行えている活動（動作）や参加できる場面を想像して、それらを**図2-7**の「活動＜活動＞」「参加＜参

図2-7　ICF を用いた個人と環境の交互作用の理解

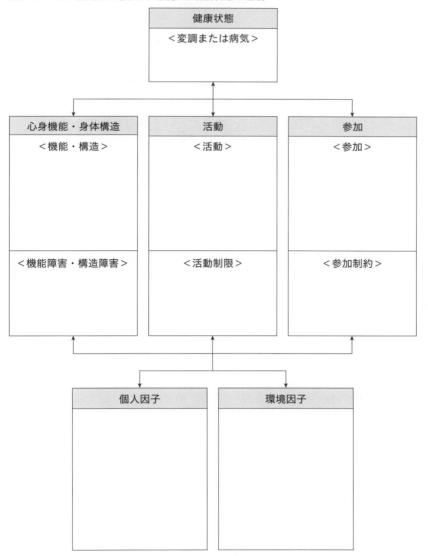

「加＞」の欄に記入する。逆に、その＜活動＞＜参加＞の状態があることで、心身の機能の状態にどのような影響が生じるかを想像し、「心身機能・身体構造＜機能・構造＞」の欄に記入する。

❹　＜活動＞＜参加＞＜活動制限＞＜参加制約＞に影響を及ぼす個人因子と環境因子をそれぞれ**図2-7**の「個人因子」と「環境因子」の欄に記入する。

❺　小グループでそれぞれが作成した図を比較し、気づいたことを話しあう。

事例 3

　C さん（55 歳、男性）は妻（52 歳）と二人暮らしである。C さんは体を動かすことが好きで、小学生の頃から運動クラブに所属し、練習を重ねてきた。世話好きで面倒見のよい C さんは、クラブのリーダー的な存在だった。妻とは大学のサークルで知り合い、大学卒業後すぐに結婚した。子宝には恵まれなかったが、妻とともにそれを乗り越えてきた。また、C さんは大学卒業後市役所に勤め、30 代に入る頃から責任ある立場を任されるようになった。40 歳のときには、D 市に自宅を購入し、仕事にますます励むようになった。

　C さんが、自身に異変を感じるようになったのは、3 年前のことである。新しい職場に配属され、ストレスから不眠状態となり、精神科クリニックでうつ病と診断された。その後、1 年間病気休暇をとり治療に専念したが、症状は改善せぬまま職場復帰することとなった。しかし、市役所では会議室の場所がわからず、会議資料がよく理解できなかった。C さんは、それまで物ごとをすぐに決めることができ、自信もあったのだが、自分が自分でないような感覚に襲われ、これ以上続けていては仕事に支障が出ると考えるようになった。そこで、大学病院を受診したところ、若年性アルツハイマー型認知症と診断された。C さんは診断にショックを受けたが、妻に「一緒に頑張ろう」と励まされ、気を取り直すことができた。その翌年、32 年間勤めた市役所を退職した。

　退職後、C さんは、身体を使う活動はできると思い求職活動を始めた。しかし、面接にこぎつけても、認知症であることを伝えると、採用を断られてしまうことが続いた。D 市にはデイサービスがいくつかあり、その利用を勧められたこともあったが、C さんは若い頃から人の面倒をみるのが好きで、誰かの役に立つことがしたいと思っており、利用者になることは自分がしたいこととは違うと感じている。また、経済的には、C さんの障害年金と妻のパート収入で、余裕はないものの何とかなっている。

　また、C さんは、求職活動のない日には、自宅で体操をしたり、庭の水やりをしたり、テレビを観たり、妻が作りおいてくれた食事を食べたり、D 市内にある物忘れ外来のあるクリニックに通院し、クリニックにある家族会に参加したりして過ごしている。これらを行うことで、C さんの気分の落ち込みは改善し、気分がよくなることで、日々の活動を楽しむようにもなっている。その一方、C さんは日常生活で妻に頼ることが増えてきている。先日、C さんは着る服の順番が急にわからなくなってしまった。困った C さんは、妻に手伝って欲しいと頼んだが、妻からは「なぜできないのか？」と何度も尋ねられてしまい、うまく説明できない C さんは、気持ちがモヤモヤとし、気分の晴れない状態が続くようになってしまった。その後、気分は日課にしていた体操をするなかでよくなったが、C さんはできなくなることが増えていく自分が、夫として妻とどのように向かいあっていったらよいか悩んでいる。

❶　Ｃさんの病名を**図 2-7** の「健康状態＜変調または病気＞」の欄に記入し、その病気の症状と考えられることを「心身機能・身体構造＜機能障害・構造障害＞」の欄に記入する。

❷　❶の症状があることで、Ｃさんが現在、行いにくくなっている活動（動作）や参加できなくなっている場面は何か。それらを**図 2-7** の「活動＜活動制限＞」「参加＜参加制約＞」の欄に記入する。逆に、その＜活動制限＞＜参加制約＞があることで、Ｃさんは自身の心身の状態にどのような影響を受けているか。それらを「心身機能・身体構造＜機能障害・構造障害＞」の欄に記入する。

❸　❶の症状があっても、Ｃさんが行えている活動（動作）や参加できている場面は何か。それらを**図 2-7** の「活動＜活動＞」「参加＜参加＞」の欄に記入する。また、行えることや参加できる場面があることで、Ｃさんは自身の心身の機能にどのような影響を受けているか。それを「心身機能・身体構造＜機能・構造＞」の欄に記入する。

❹　Ｃさんの活動および参加を促進している個人因子と環境因子を、それぞれ**図 2-7** の「個人因子」と「環境因子」の欄に記入する。

❺　Ｃさんの活動および参加の阻害要因となっている個人因子と環境要因を、それぞれ**図 2-7** の「個人因子」と「環境因子」の欄に記入する。

❻　Ｃさんのバイオ（生理的・身体的機能状態）面およびサイコ（精神的・心理的状態）面が、Ｃさんの社会的機能の状態にどのような影響を与えているかを話しあう。

❼　Ｃさんのソーシャル（社会環境状態）面が、Ｃさんの社会的機能の状態にどのような影響を与えているかを話しあう。

▌3 解説

❶複数のシステム間の相互作用

　ソーシャルワークの直接的支援における問題やストレングス、資源は、個人内システム（個人内の思考や認識、反応など）と個人間システム（2 人以上の人々の間のコミュニケーションややりとりなど）、環境システム（仕事や住まい、学校、コミュニティなど）との間の相互作用の結果として生じる。問題がこれらのシステムの一つのみに生じることはまれである。あるシステムにおける不安定な機能の状態は、ほかのシステムにおける不安定な機能の状態を生み出す。たとえば、次のような三つがある。

・個人が経験する困難（たとえば、Ｃさんの若年性アルツハイマー型認知症や見当識障害*などの症状）は、その人がほかの人々とどのように関係をもつかに影響を与える（たとえば、ひきこもる、苛立つ、退職、妻に頼ることが多くなる）。

・対人関係上の困難（たとえば、同僚や友人らとの接触の減少、夫婦間でのいさかい）は、個人の機能に影響を与える（たとえば、孤立感、ストレスや不安感の増大、集中力の低下）。

・環境面の不足（たとえば、若年性認知症の人が働くことのできる職場の不足、社会的孤立）は、個人の機能や対人関係上の機能に影響を与える（たとえば、ストレスや怒り、自信の喪失、関係性の悪化など）。

これらの三つのシステム（個人内、個人間、環境）の間で行われている交互作用は、機能的な不安定さや、活動や参加面の不足といった否定的な影響のみを引き起こすわけではない。ストレングスや資源は、よい効果の好循環をも生み出す。また、支持的な環境は個人の内部にある困難を部分的に補うことがある。したがって、個人が社会的に機能する際の問題やストレングス、資源の状況を理解するには、それらが個人内システムと個人間システム、環境システムの間の交互作用とどのようにかかわりあっているかを分析、把握していくことが大切となる。

個人内システム

個人について包括的にアセスメントする際には、個人の生物物理学的側面や認知・認識的側面、感情面、行動面、動機的側面を含む、さまざまな要素について考え、これらがどのようにその個人の環境内にいる人々や機関との交互作用に影響を与えているかを調べていく。クライエントの困難の性質やアセスメントを行う理由、アセスメントを実施する機関によっては、ソーシャルワーカーはほかの分野よりもこれらの分野により明確に焦点を当てて、個人のアセスメントを行っていくことが必要となる。

表2-1に挙げた項目は、個人および個人内の機能を理解する際に考慮するべき要素である。これを参考に事例3を見てみると、Ｃさんは若年性アルツハイマー型認知症により、認知・認識的機能に影響を受けている（短期記憶の低下、見当識の低下、行為の失認、仕事上の判断力の低下など）。一方で、生理的・身体的機能はしっかりとしており、認知・認識的機能や情緒的機能についてもよく保たれている（長期記憶が保たれている、日常生活を送るうえでの判断ができている、人の役に立ちたいとの信念や自分は運動が好きであるとの自己概念がある、抑うつ気分

表2-1　個人内機能のアセスメントにおいて注目する分野

◇生理的・身体的機能 ・身体的特徴 ・身体の健康 ・薬やアルコール、ドラッグの使用と嗜癖 ◇認知・認識的機能 ・知的機能 ・判断力 ・現実検討 ・集中力 ・価値観 ・信念 ・自己概念 ・思考障害の評価	◇情緒的機能 ・情緒のコントロール ・情緒の幅 ・感情の適切性 ・感情障害の評価 　　双極性障害 　　単極性の抑うつ 　　自殺のリスク 　　子どもや青年、成人の抑うつや自殺のリスク ◇行動的機能 ・過剰 ・暴力のリスク ・防衛 ◇動機

出典：Hepworth, D. H., Rooney, R. H., et al., *Direct Social Work Practice : Theory and Skills 10th Edition*, Cengage Learning, p.217, 2016. をもとに筆者作成

が軽減し情緒的に安定している）ことがわかるだろう。

❷バイオ・サイコ・ソーシャルモデル

　直接的な支援を行うソーシャルワークにおいて、個人が置かれている困難状況をアセスメントするのに役立つのは、バイオ・サイコ・ソーシャルモデル（biopsychosocial model）である。これは、ソーシャルワーカー（または臨床心理士や精神科医などの精神保健の専門職）がクライエントの状況と環境を評価する際に、バイオ（bio）・サイコ（psycho）・ソーシャル（social）という三つの側面から把握し、これらの側面が病気や障害にどのように影響を与えているか、または病気や障害によってどのように影響を受けているかを評価することを意味している。評価は、**表 2-2** の三つの側面について行っていく。

❸ ICF モデル

　ICF モデルは、「生活機能モデル」に立って、「生きる」うえでの問題や困難をもつ個人を、どのように捉え、どう働きかけるかについての、

表2-2　評価における三つの側面

バイオ（生理的・身体的機能状態）	クライエントの身体的健康状態や栄養摂取、生化学機能、遺伝的継承など
サイコ（精神的・心理的状態）	感情面の健康や感情表出、認知機能、行動傾向、スピリチュアルの好みなど
ソーシャル（社会環境状態）	対人関係や相互作用、環境、文化、家族、仕事、信仰のコミュニティなど

基本的な考え方・捉え方の枠組みを提供している。ICF では、人間が「生きる」ことを、「生活機能」（functioning）として、「心身機能・身体構造」「活動」「参加」の三つのレベルで構造的に包括的に把握していく。そして、「生活機能」に問題が生じた状態を「障害」とみなしていく。また、ICF は「生活機能」を構成するこれらのすべての要素に影響を与える「背景因子」として、「環境因子」「個人因子」を挙げている（図 2-8）。

　この ICF モデルの中心的原理の一つは、バイオ・サイコ・ソーシャルモデルであり、この点でソーシャルワークと共通の人間理解の視点を有している。ICF モデルは医学モデルと社会モデルを統合することにより、人間の健康をバイオ・サイコ・ソーシャルの諸側面から捉える新たな理解の視点を提供している。また、ICF モデルは交互作用モデルを採用しており、この点でも人と環境の交互作用を重視するソーシャルワークの視点と共通している。図 2-8 にあるように、ICF モデルでは、人間の「生活機能」にかかわるほとんどすべての要素が双方向の矢印で結ばれている。これは、すべての要素が交互に影響しあっていることを意味している。

　たとえば、事例 3 については、「心身機能」の問題（たとえば、短期記憶の低下、見当識の低下）があると、「活動」の制限（たとえば、会議室の場所がわからない、会議資料の内容が理解できない）が生起し、その「活動」の制限により、「心身機能」の問題（たとえば、「自分が自分でない」といった自己概念の弱体化、不安感や抑うつ）が生じると考えられる。また、この例は、生活機能が低下していく「心身機能・身体

★医学モデル
障害や不利益・困難の原因は、目が見えない、足が動かせないなどの個人の心身機能に原因があるとする考え方。

★社会モデル
障害や不利益・困難の原因は、障害のない人を前提につくられた社会のつくられ方や仕組みに原因があるという考え方。

図2-8　ICF モデル

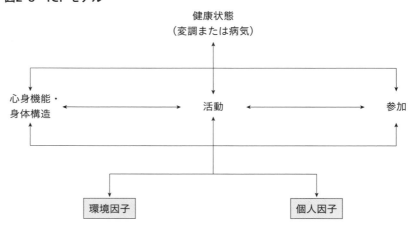

構造」と「活動」の悪循環を示しているが、好循環となっている場合もある。同様に、ICF では「生活機能」の各要素間、各要素と「環境因子」や「個人因子」との間の交互作用を捉え、人間の生活の全体像を構造的に理解していく。ICF モデルからみた事例 3 の C さんの社会的機能の理解の例については、**図 2-9**に示しているので、参考にしてみてほしい。

図2-9　ICF を用いた事例 3（C さん）の社会的機能の理解の例

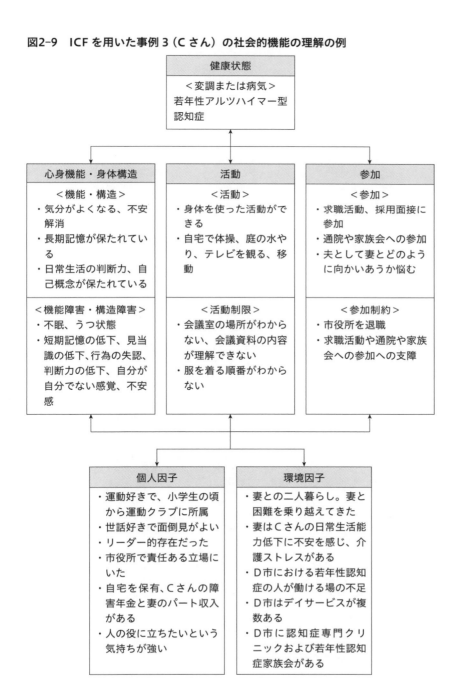

◇引用文献
1）Gitterman, A. & Germain, C. B., *The Life Model of Social Work Practice : Advances in Theory & Practice 3 rd Edition*, Columbia University Press, pp.55–56, 2008.
2）同上，p.56
3）谷中輝雄『生活支援——精神障害者生活支援の理念と方法』やどかり出版，p.121，1996.
4）Hepworth, D. H., Rooney, R. H., et al., *Direct Social Work Practice : Theory and Skills 10th Edition*, Cengage Learning, p.14, 2016.
5）同上，p.14

◇参考文献
・Hepworth, D. H., Rooney, R. H., et al., *Direct Social Work Practice : Theory and Skills 10th Edition*, Cengage Learning, 2016.
・Gitterman, A. & Germain, C. B., *The Life Model of Social Work Practice : Advances in Theory & Practice 3 rd Edition*, Columbia University Press, 2008.
・Johnson, L. C. & Yanca, S. J., *Social Work Practice : A Generalist Approach 7 th Edition*, Allyn & Bacon, 2001.（L. C. ジョンソン・S. J. ヤンカ，山辺朗子・岩間伸之訳『ジェネラリスト・ソーシャルワーク』ミネルヴァ書房，2004.）
・谷中輝雄『生活支援——精神障害者生活支援の理念と方法』やどかり出版，1996.
・Payne, M., *Modern Social Work Theory 4 th Edition*, Palgrave Macmillan, 2014.
・Hartman, A. & Laird, J., *Family-Centered Social Work Practice*, Free Press, 1983.
・Pincus, A. & Minahan, A., *Social Work Practice: Model and Method*, F. E. Peacock, 1973.
・障害者福祉研究会編『ICF 国際生活機能分類——国際障害分類改定版』中央法規出版，2002.

第2節 自己理解と他者理解

1 演習のねらい

　ソーシャルワークにおいて、クライエントの問題を理解し解決するためには、クライエントと信頼関係を築きつつ、介入することになる自らの「捉え方」や「かかわり方」の傾向を認識しておく必要がある。クライエントという他者を適切に理解する際に、支援者自身の自己理解は深く関与している。そこで、本演習では、自己のもつ個人的ニーズや価値観、援助者として求められる特性についての理解に取り組んでいく。演習を通して、コンピテンシー（pp.12-16参照）1の「倫理的かつ専門職としての行動がとれる」、2の「実践において多様性と相違に対応する」という力量の形成を目的としている。

2 自己理解と他者理解

1 演習のポイント
・自己の個人的ニーズの内容やその充足方法を理解し、それを表現できる。
・自己の価値観について考え、それを表現できる。
・自己の価値観と他者の価値観との相違を識別できる。
・互いの意見を尊重して、グループの意思決定を行うことができる。

2 演習課題
❶個人決定
❶　表2-3の「個人決定シート」を準備する。表2-3の「大切にしているもの」の欄には、人生のなかで人々が大切にしていること（「愛情」「安全」「成長」「健康」「富」「楽しみ」「地位」「夢の実現」）が書かれている。

表2-3　個人決定シート

大切にしているもの	順位	ニーズの内容・充足方法・充足度
●愛情		
●安全		
●成長		
●健康		
●富		
●楽しみ		
●地位		
●夢の実現		
理由		

❷　「大切にしているもの」のそれぞれの項目に関連して、自分がどのようなニーズをもっているか、それをどのような方法で満たしているか、どの程度充足できているかを考え、それを**表2-3**の「ニーズの内容・充足方法・充足度」の欄に記入する。

❸　**表2-3**に書かれた「大切にしているもの」のなかで、自分が一番大切だと思うことを1とし、その次に大切だと思うことを2、3、4と順に順番をつけ、「順位」の欄に記入する。

❹　その順位をつけた理由を、**表2-3**の「理由」の欄に記入する。

❷グループ決定

❶　5～6人のグループで話し合いを行い、グループでの「大切にしているもの」の順位を決定し、その順位を**表2-4**「グループ決定シート」の「グループ決定」の欄に記入する。**表2-4**の「グループメンバーの順位」の欄には、グループのメンバーの名前とそのメンバーの「大切にしているもの」の順位を記入する。

❷　話し合いのルールは、次のようにする。

　　・司会者は決めないで、自由に話しあう。

　　・順位はメンバーの多数決で決めるのではなく、あくまでも全員の納得によるものとする。

❸　グループで決定した「大切にしているもの」の順位と、そのように決定するに至った話し合いの経緯を発表する。

表2-4 グループ決定シート

大切に しているもの	グループ決定	グループメンバーの順位					
		1 自分	2	3	4	5	6
●愛情							
●安全							
●成長							
●健康							
●富							
●楽しみ							
●地位							
●夢の実現							

❸振り返りのための話し合い

❶ 自分のもつ個人的ニーズや価値観について、気づいたことや理解したことを話しあう。

❷ ほかのメンバーのもつ個人的ニーズや価値観について、自身の価値観との共通点や相違点を話しあう。

❸ 個人のもつ価値観や価値体系の形成に、影響を与えているものは何かを話しあう。

❹ グループメンバー全員の納得によって「大切にしているもの」の順位を決定できるよう、工夫したことや大切にしたことについて話しあう。

3 解説

❶ソーシャルワーカーに求められる自己についての理解

　ソーシャルワーカーには、どのような自己についての理解を発展させていくことが求められるのだろうか。ジョンソン（Johnson, L. C.）らは、経験の浅いソーシャルワーカーや学生が自己理解を発展させる方法として、体系化された自己探求に取り組むことを挙げている[1]。この体系化された自己理解の領域には、生活様式と人生観、道徳律と価値体系、家族などのルーツ、生活経験、個人的ニーズ、個人の機能などが含まれている。本演習課題では、このうち個人的ニーズと価値体系について扱った。本演習課題での取り組みを契機に、自身の生活様式や人生観、家族などのルーツがどのようなものか、それらが自身の個人的ニーズや価値体系の形成にどのような影響を与えているか、検討してみてほしい。

❷個人的ニーズの理解

　ソーシャルワーカーに求められる自己理解の領域の一つは、個人的ニーズの領域である。ニーズとは、「与えられた状況において適切な期待のなかで機能する人や社会システムに必要なもの[2]」のことである。

　ソーシャルワーカー自身の個人的ニーズについての理解は、ソーシャルワーカーとクライエントとの交互作用に影響を与える。たとえば、原家族で愛着が満たされなかったと感じているソーシャルワーカーは、休みなく仕事に打ち込むことでその欠乏感を埋めているかもしれない。一方、ソーシャルワーカーがそのような自身の愛着のニーズの満たし方に気づき、欠乏感を癒すより安全で効果的な別の方法を見出すことができたならば、自身を傷つけるような働き方は緩和され、そのソーシャルワーカーの働き方の変化はクライエントとの関係のもち方に影響を与えることになるだろう。このように、ソーシャルワーカー自身の個人的ニーズについての理解は、自己を活用してクライエントを援助することに影響を与える。そのため、自身がどのような個人的ニーズを有しているか、それをどのように満たしているかを理解していくことは、ソーシャルワーカーにとって大切である。

①　人間に共通するニーズについての理解

　個人的ニーズを理解するとは、具体的にはどのようなニーズを理解することなのだろうか。ジョンソンらは、ソーシャルワーカーが個人的ニーズを検討するための指針を示し、そのなかでソーシャルワーカーが検討すべき個人的ニーズの一つとして「人間に共通するニーズ」を挙げている。この「人間に共通するニーズ」には、次の九つの領域がある[3]。

❶　食べ物や住居、衣服に関するニーズ

❷　痛みや身体的な損傷を避けるための安全に関するニーズ

❸　健康に関するニーズ

❹　愛情と所属に関するニーズ

❺　受け入れと地位に関するニーズ

❻　能力と可能性を高めることに関するニーズ

❼　自分自身と自分の住む世界に関するニーズ

❽　その他の生物学的ニーズ

❾　自分の精神的な成長に関するニーズ

　演習課題で取り上げた「大切にしているもの」の各項目（富、安全、健康、愛情、地位、夢の実現、楽しみ、成長）は、この「人間に共通するニーズ」のうち「❽その他の生物学的ニーズ」を除く八つの領域を表

★原家族
その人が生まれ育った家族のこと。

している。ジョンソンらは、個人的ニーズについて理解をするために、これらの領域のそれぞれについて、自身がどのようなニーズをもっているか、またそれをどのように満たしているか、それがどの程度充足されているかを検討することを勧めている。演習課題の「大切にしているもの」についての設問に答えることを通じて、読者もまたこれについて検討することができるだろう。

　また、「人間に共通するニーズ」に関する個人的ニーズを検討するにあたっては、まず自身が現在、どのような発達段階にあるかを見きわめることが重要である。たとえば、青年期には、自分が何者かを見つけ、性を取り扱い、職業の選択をする機会が必要とされることがある。成人期には、安心して子どもを育てられる住居が必要であろう。自身が今後成長し、機能していくためには、何が必要かを考えてみてほしい。

　加えて、「人間に共通するニーズ」に関する個人的ニーズを理解していくためには、現在の自身の発達段階だけでなく、それまでの段階で満たされていないニーズが自身にあるかを見きわめることも大切である。たとえば、自身が人をコントロールしたい、人に好かれたい、人より優位に立ちたいなどの強い個人的な欲求をもっていることに気づく人もいるだろう。現在の自分自身の機能のありようは、過去にニーズがどのように充足されてきたかに部分的に影響を受けている。したがって、充足されていない自身のニーズを見きわめることは、自己理解を進める鍵となる。

② その他の個人的ニーズ

　個人的ニーズは、人間の多様性や社会システムとのかかわりからも生じる。画一的な人種主義や偏見、差別はすべての人間の機能に影響を与える。このため、一部の特定グループは特有のニーズをもつことになる。また、家族や職場、近隣コミュニティなどの社会システムは、構成員に対して期待と責任を求め、人々はこれに応えるためにニーズをもつ。これらの側面からも、自己の理解を進めることが重要である。

❸価値体系についての理解

　ソーシャルワーカーには、自身がもつ価値体系についての知識を発展させることも期待されている。価値体系には、望ましいことや好ましいことが含まれている。価値があるとみなされるものは、人それぞれの優先順位があり、体系化されている。

　ソーシャルワーカーのもつ価値体系は、個人的ニーズと同様に、ソーシャルワーカーとクライエントとの交互作用に影響を与える。たとえ

ば、主流となる社会集団に属する多くのソーシャルワーカーは、多様な人や不利な立場にある人、抑圧された人をクライエントとして活動する際に、価値の葛藤を経験する。この価値葛藤は、ソーシャルワーカーの個人的な価値観とクライエントの価値観との間で生じることがある。このような価値葛藤をソーシャルワーカーが取り扱えないことは、援助関係を構築する能力に影響を与える。そのため、自身の価値観やその体系について理解し、自身の価値観と他者の価値観との相違を識別できる力量を身につけていくことは、ソーシャルワーカーにとって重要である。

ソーシャルワーカーは、自身がどのような価値体系をもっているか、理解を深めることが必要である。本演習課題では、「人間に共通するニーズ」の領域について、最も好ましいものは何か、その次に好ましいものは何かと順位をつけるワークを行った。このワークにおいて自分やほかのメンバーがつけた、「人間に共通するニーズ」の各領域についての順位は、自分やほかのメンバーの価値体系の一部を表していると考えられる。

各人がもつ価値の体系を理解するには、それがどのように形成されてきたのかについて考えていくことが重要である。人のもつ価値体系は、家族や仲間、スピリチュアリティ、文化的背景、個人的経験や教育的経験といった要素が、わかりにくい場合も少なくないが、影響を及ぼしている。たとえば、健康をほかのものよりも優先して守ることが必要だと考える人は、病気がちな家族の生命を守ることの大切さを両親から教えられてきたのかもしれない。自身が大きなけがをした経験のなかで「健康」のかけがえのなさを認識するようになった人もいるだろう。演習課題では、各人がなぜそれを好ましいものと思うのかを個別に丁寧に聞きあうなかで、共通して大切であると考えるものであっても、それを好ましいと思う理由やそう考えるようになった経緯は多様であり、家族や仲間等のルーツに結びついていてユニークだということに気づいたのではないだろうか。また、その多様さやユニークさが新鮮で面白く感じた人もいたのではないかと思う。さまざまな経験を通じて形成されてきた価値体系は、自分らしさやその人らしさに結びついている。

加えて、異なる価値観に対して、自身がどのような態度を示すかを知ることも大切である。異なる社会集団に属する人々がともに活動をしあう場面では、時に「人間に共通するニーズ」のどれを優先して充足するかをめぐって、葛藤が生じることがある。よって立つ価値の体系が異なる文化グループに所属しているソーシャルワーカーとクライエントの間

★スピリチュアリティ
正式な宗教のみならず、人が人生の意味、目的意識、道徳観を構築する経験全般のこと。

では、価値観の相違を認めあい、相互に納得して決定していくことは、容易ではないかもしれない。大きな価値観の違いが、ソーシャルワーカーとクライエントの間にある場合、自己理解と他者理解が重要となる。模擬的状況ではあるが、演習課題では異なる価値観の者同士が「全員が納得できるように決定していく」課題に取り組んでもらった。互いの価値観を尊重すること、そう考える理由を個別化して丁寧に聴き取るなど努力が必要だったのではないだろうか。一人ひとりがなぜそれを大切と考えるのかを個別化して、聴くことを通じて、さまざまな価値観があること、つまり、グループメンバーのもつ価値観の多様性に気づいたのではないかと思う。

❹カルチュラルコンピテンスの発展

このような実践者の自己理解と他者理解は、カルチュラルコンピテンスを発展させる鍵でもある。近年では、我が国でも外国にルーツをもつ人々とのソーシャルワークに取り組む機会が増えてきており、カルチュラルコンピテンスを身につけていくことが課題となっている。このような場合での自己理解には、自分自身の価値と文化的背景を理解することが、他者理解の他者の文化的アイデンティティと人生経験に受け継がれているストレングスを理解することに含まれている。自分の内面を探求し、価値や受け継がれた文化、ものの見方、他者の類似点と相違点を見る際に用いる文化的レンズのもとになっているバイアスをチェックすることを通じて、自己理解を得ていくのである。また、「知らない」と考える姿勢も重要である。「知らない」と考える姿勢により、過度な一般化や国に対するステレオタイプ化を避け、その人のルーツとなる文化について教わっていこうとすることができるだろう。

★**カルチュラルコンピテンス**
個人およびシステムが、文化、言語、階級、人種、民族的背景、宗教、その他のあらゆる多様性をもつ人々に対し、個人、家族、コミュニティの価値を認識し、肯定・尊重し、各々の尊厳を保護し、維持しながら、敬意をもって効果的に対応するために用いるプロセスのこと。

3 援助者としての自己の理解

■1 演習のポイント

・効果的に援助を行う援助者の特性について考え、それを表現できる。
・援助者としての自身のストレングスに気づき、それを表現できる。
・援助者としての自身の限界を緩和する手立てを考え、それを説明できる。

2 演習課題

❶ 自分が困りごとを相談する際に、誰に相談するかを考え、その人物を具体的に思い浮かべてみる。

❷ 自分が、その人物に相談したいと思うのはなぜか、その人の援助者や相談者として優れている点はどのようなところか（性質や特性、能力など）を考え、それをふせんに書き出してみる。一つの「援助者の性質や特性、能力」は、1枚のふせんに書く。思いつくままに、なるべくたくさん書き出す。

❸ ❷で作成した「援助者の特性」を書いたふせんを、ほかのメンバーと共有する。それぞれのふせんを1枚1枚重ならないように模造紙に貼り、すべてのふせんを読むことができるようにする。

❹ ふせんの内容を集約し、「援助者の特性」のリストを作成する。各メンバーが持ち寄った、一つひとつのふせんから似ている内容のものをグループ化し、そこにタイトルをつける。グループ化を行う際は、文字が隠れないよう、ラベル1枚1枚を模造紙に貼っていくよう注意する。似ているものがなくなった段階で終了となる。どこにも当てはまらないラベルカードは、そのまま1枚で貼っておく。

また、似ている内容を集めてグループ化されたラベルカードには、それぞれにタイトルを作成していく。タイトルを作成する際には、単語ではなく一文として記載していくようにする（例：他者や他者の幸福に関心をもつなど）。

❺ 作成した「援助者の特性」についてのリストをグループごとに発表しあい、意見を出しあう。それぞれのリストに、加えたい項目があるかを検討し、それをリストに追加する。

❻ 完成した「援助者の特性」についてのリストの項目と自身とを比べてみて、自分自身のもつ援助者としてのストレングスは何かを考え、気づいたことを**表2-5**の「援助者としてのストレングス」の欄に書き出す。

❼ 完成した「援助者の特性」についてのリストの項目と自身とを比べてみて、自分自身の援助者としての課題や限界は何か、また、それを緩和するための手立ては何かを考え、気づいたことを**表2-5**の「援助者としての限界と緩和方法」の欄に書き出す。

表2-5　援助者としてのストレングス

援助者としてのストレングス
援助者としての限界と緩和方法

▌3 解説

❶援助者としての自己の理解

　ソーシャルワーカーは、より適切なニーズの充足や、変化や成長がクライエントにもたらされるよう、自身を効果的に活用することに取り組む専門職である。このようなソーシャルワーカーには、自身が個人やグループとの相互作用を促進させ、関係を進展させるといった援助技術をどのように用いているかや、援助者としてのソーシャルワーカーの責任の範囲をどのように認識しているかを理解することが必要とされる。

❷援助者の特性についての理解

　ソーシャルワーカーは、自分自身を通じて、ほかの人への関心や知識基盤、実体的なものや経験的なもの、認知的技術や相互作用的技術を援助状況にもたらしていく。自己を活用してもたらされるこれらの援助技術は、援助者自身の特性を示している。たとえば、面接技術は客観的に、事務的にそれらを行うことを重視する援助者の性質を介して、援助状況において用いられることがある。一方、クライエントの自己効力感を促進することを重視する援助者の性質を介して、援助状況に活用されることもあるだろう。ソーシャルワークの援助は、専門職の知識基盤や価値基盤とかたく結びついている。しかし、それらが援助状況にどのように用いられていくかは、援助者の性質に資するところが大きい。そのため、ソーシャルワーカーには、効果的に援助状況に働きかけることを促進する援助者の特性を理解するとともに、自身にはどのような援助者の特性が備わっているかを理解し、その特性を実際の援助においてどのように

発揮していくか展望をもつことが求められる。

　では、効果的な支援を促進する援助者の特性にはどのようなものがあるのだろうか。ジョンソンらは、さまざまなソーシャルワーク援助職についての調査を参考に、ソーシャルワーカーに求められる特性を紹介している。これらは、ソーシャルワーカーの信念、自分自身への信頼、成熟、特性に分類される。以下、その内容である。[4] 本演習課題で取り組んだ「援助者の特性」のリストの参考にしてみるとよい。

① **信念**

　効果を上げるソーシャルワーカーは、次のような信念をもつ。

　　１．人は可能性をもつ

　　２．人は好意的である

　　３．人は価値がある

　　４．人は外的な動機ではなく内的な動機をもつ

　　５．人は信頼できる

　　６．人は邪魔をするのではなく助けとなる

② **自分自身への信頼**

　効果を上げるソーシャルワーカーは、自分自身を❶人々とともにある存在とみなし、❷十分に能力があり、❸信頼でき、❹必要とされており、❺価値があるとみなしている。

　このことから明らかになった、ソーシャルワーカーの特性は次のとおりである。

　　１．誰かからコントロールされるのではなく、自由であること

　　２．小さな問題ではなく、より大きな問題に関心をもつこと

　　３．自分を開示すること

　　４．外部者としてではなく、関与者としてかかわること

　　５．目的志向ではなく、過程を重視すること

　　６．利己的ではなく、利他的であること

③ **成熟**

　人との相互作用において創造性を生み出し、自分自身を観察する能力、援助したいという気持ち、そしてやる気と感受性という特性をもつ。

④ **特性**

　援助者とは、次のような特性をもつ。

　　１．個人とその行動について肯定的な見方をする

　　２．自己中心的でなく、他者と他者の幸福について関心をもつ

　　３．開放的で人を信用でき、温かく友好的で正直である

４．援助される人のためにではなく、援助する人とともに取り組む姿勢をもつ

５．特定の技術を駆使するのではなく、人に対して反応する

６．成熟し、判断能力があり、人を援助することの危険をいとわない

７．人間の状況、変化の可能性、変化に要する時間について現実的である

❸責任と権威

　援助者は責任と権威を有するという特性があり、ソーシャルワーカーがその特性についての理解を発展させることは重要である。ソーシャルワーカーがすべてのクライエントの行動に責任があると考えることや、「クライエントを自分で何とかしたい」との期待を抱くことは不適切である。また、ソーシャルワーカーは権威が自分たちにあることを否定しがちであるが、クライエントの自己決定の支援に権威をどのようにかかわらせていくかを探求することが重要である。したがって、ソーシャルワーカーには、自身の責任の範囲や権威についての認識を深めていくことが求められる。

◇引用文献
1）Johnson, L. C. & Yanca, S. J., *Social Work Practice : A Generalist Approach 7 th Edition*, Allyn & Bacon, 2001.（L. C. ジョンソン・S. J. ヤンカ，山辺朗子・岩間伸之訳『ジェネラリスト・ソーシャルワーク』ミネルヴァ書房，p.6, p.129, 2004.）
2）同上，p.6
3）同上，p.139
4）同上，pp.146-150

◇参考文献
・Johnson, L. C. & Yanca, S. J., *Social Work Practice : A Generalist Approach 7 th Edition*, Allyn & Bacon, 2001.（L. C. ジョンソン・S. J. ヤンカ，山辺朗子・岩間伸之訳『ジェネラリスト・ソーシャルワーク』ミネルヴァ書房，2004.）
・Margolin, L., *Under the Cover of Kindness : The Invention of Social Work*（*Knowledge, Disciplinarity and Beyond*），University of Virginia Press, 1997.（L. マーゴリン，中河伸俊・上野加代子・足立佳美訳『明石ライブラリー 48　ソーシャルワークの社会的構築――優しさの名のもとに』明石書店，2003.）
・Reamer, F. G., *Social Work Values and Ethics*, Columbia University Press, 1995.（F. G. リーマー，秋山智久監訳『ソーシャルワークの価値と倫理』中央法規出版，2001.）
・DuBois, B. L. & Miley, K. K., *Social Work : An Empowering Profession 8 th Edition*, Pearson Education, 2014.
・山辺朗子『新・MINERVA 福祉ライブラリー 12　ジェネラリスト・ソーシャルワークの基盤と展開――総合的包括的な支援の確立に向けて』ミネルヴァ書房，2011.

第3章

ソーシャルワークの
対象、機能と役割

　本章では、はじめにソーシャルワークの対象について、ミクロ・メゾ・マクロレベルを一体的に捉えるワークに取り組む。ミクロ・メゾ・マクロレベルの状態や出来事が交互作用によって起きており、切り離すことができないことを理解する。

　次に、ソーシャルワークの価値基準および倫理、理念について、個人的な価値観と専門職としての価値観の関係やソーシャルワーカーの倫理、倫理的ジレンマ、そして、ソーシャルワークの理念、原理・原則について、ワークおよび事例を通して学ぶ。

　最後に、ソーシャルワークの機能とソーシャルワーカーの役割について、その機能をソーシャルワークの目標から捉え、事例を通して学び、役割も理解する。

ソーシャルワークの対象

1 演習のねらいとポイント

1 演習のねらい

　ソーシャルワーク専門職は、個人の変化や問題解決のみに働きかける専門職ではない。人の生きづらさと社会の問題を人と環境との交互作用から理解し、一体的に捉えて、その変化や問題解決に向けて働きかける専門職である。

　本節では、ソーシャルワークの対象の理解を通して、コンピテンシー（pp.12-16参照）3の「人権と社会的・経済的・環境的な正義を推進する」、5の「政策実践に関与する」、6の「個人、家族、グループ、組織、コミュニティと関わる」ことを理解する。

2 演習のポイント

・ソーシャルワークの対象として、ミクロ・メゾ・マクロを一体的に捉えることができる。
・ミクロ・メゾ・マクロの各レベル間の交互作用を説明することができる。
・ミクロ・メゾ・マクロレベルを一体的に捉えて、問題解決を検討できる。

2 演習課題

　本演習課題では、「高齢化が極端に進んだ地域で、唯一のスーパーマーケットが閉店した」という出来事を発端に起きる問題を事例として取り上げる。地域の社会福祉協議会に所属するソーシャルワーカー（地域福祉コーディネーター）として、住民とともに立ち向かうストーリーを入口にして、ソーシャルワークの対象を理解していきたい。

1 事前準備（1グループ当たり）

❶グループ作成

　3〜4人程度のグループをつくる。グループごとに1枚ずつ模造紙を用意する。

※模造紙には、次のような点線を入れ、下部にミクロ、メゾ、マクロと書き込む。

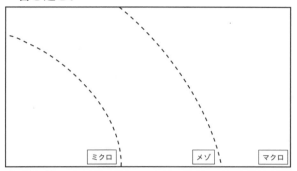

❷事前学習

　ソーシャルワークの対象について、見直しておく（共通⑪『ソーシャルワークの基盤と専門職［共通・社会専門］』参照）。

2 問題発見の発端となる出来事

事例1

　A県B市は四つの町村が合併したことによってつくられた市で、合併から15年が経過していた。そのうちの一つのC町（旧C村）は、最も高齢化率が高く、人口が少ない。C町内には、唯一の買い物ができる場所としてDスーパーマーケットが地域への貢献を目的に店舗を維持し、地域に密着した商売を展開してきた。しかし、A県内でDスーパーマーケットを含む八つの店舗を運営していたE社が業績悪化により倒産、C町にあるDスーパーマーケットも突然閉店することになった。A県は高齢化と人口流出が続いている。

●作業1

❶　模造紙のメゾの枠の中に「Dスーパーマーケット閉店」と書き込む。

❷　Dスーパーマーケット閉店の影響を受けて、C町にどのような問題が起きるか、個人作業で赤色のふせんに書き出す。ふせん1枚に一つの問題を書き出すルールとし、できるだけ多くのふせんを書く。

❸　❷で書き出した赤色のふせんについて、グループの各々が1枚ずつ簡潔に説明する。また、その問題がミクロ・メゾ・マクロのどのレベルで起きるかを考え、ふせんを模造紙の適切な場所に貼る。

※ふせんはあとで貼り直したり、追加したりする。

❹ ❸で貼った問題に関係がある人や家族、グループ、組織・団体・機関、地域社会、コミュニティ、地方公共団体、ネットワーク等の名前を、グループで話しあいながら、青色のふせん1枚につき一つずつ書き出し、模造紙の適切な場所に貼る。

※ふせんはあとで貼り直したり、追加したりする。

3 Fさんの生活を通して

事例2

　C町は高齢化率が約60％で、一人暮らしの高齢者も多い。多くの高齢者は車の運転ができないため、閉店したDスーパーマーケットに、歩いて買い物に行っていた人もいる。なかには町内にまったく身寄りがない人もいた。

　C町で一人暮らしをしているFさん（83歳、女性）は、町内に身寄りもなく、Dスーパーマーケットの閉店によって買い物に行くことができなくなって困り、不安を感じているうちの1人である。日頃から地域の活動などでFさんと交流のあったB市社会福祉協議会のソーシャルワーカーは、Fさんのことが気になり、Fさんの自宅を訪ねて話を聞くことにした。Fさんは買い物に行けなくなった状況について、長女（55歳）に助けを求めたいと考えたが、長女から次の事情を聞いており、頼むことができないでいる。

　Fさんの長女の家族は、隣の市に暮らしていて、Fさんの家からは車で30分ほどの距離である。Fさんの長女は専業主婦で、車の運転も問題なくできる。

　Fさんの長女は、夫（57歳）と夫の母親（90歳）と3人で暮らしている。夫の母親は認知症が進んで常時のケアを必要としており、目を離すことができない。夫は母親のケアをすべて妻（Fさんの長女）に任せたまま、仕事が休みの土日も趣味のゴルフに出かけてしまうことが多く、家にいることが少ない。

　夫の母親は、孫（25歳、長女の娘）が一緒にいてくれるときは、落ち着いて過ごすことができる。しかし、孫は車で2時間ほどの隣の市で暮らしていて、仕事も忙しいため、なかなか手伝いには来られない。夫の母親は介護保険サービスの利用を一切拒否しているため、常時自宅にいる。

　長女はDスーパーマーケットの閉店のニュースを見て、Fさんの買い物のことを心配しているが、夫の母親のケアに精一杯で時間がとれず、Fさんの買い物の手助けができない状況にある。

　なお、Fさんが暮らしているC町には、町外への買い物に利用できるバスが1日1往復運行されており、午前にC町を出発すると、帰ってくるのは夕方となる。

●作業2

❶ Fさんが買い物ができずに困っている状況と関係して、FさんとF

さんの長女をはじめとする関係者にどのような問題が発生しているか、個人作業で黄色のふせんに書き出す。ふせん1枚に一つの問題を書き出すルールとし、できるだけ多くのふせんを書く。

❷　❶で書き出した黄色のふせんについて、グループの各々が1枚ずつ簡潔に説明する。また、その問題がミクロ・メゾ・マクロのどのレベルで起きるかを考え、ふせんを模造紙の適切な場所に貼る。

※ふせんはあとで貼り直したり、追加したりする。

❸　誰のどんな変化が起きれば、Fさんの問題が解決する可能性があるか、それぞれの問題解決に向けて、変化に働きかける対象になる人や家族、グループ、組織・団体・機関、地域社会、コミュニティ、地方公共団体、ネットワーク等の名前を、グループで話し合いながら、青色のふせん1枚につき一つずつ書き出し、模造紙の適切な場所に貼る。

※作業1の❹ですでに挙げた人や家族、グループ、組織・団体・機関、
　地域社会、コミュニティ、地方公共団体、ネットワーク等は、あら
　ためて書き足さなくてよい。

※ふせんはあとで貼り直したり、追加したりする。

※登場人物を誰一人排除せずに考える。

※ストーリーに登場していない人や家族、グループ、組織・団体・機
　関、地域社会、コミュニティ、地方公共団体、ネットワーク等も挙
　げる。

■4 模造紙全体を俯瞰して──ディスカッションと振り返り

●作業3

❶　模造紙全体を俯瞰して、ふせんの書き足しや貼り付け位置の変更を行う。

❷　貼り付けたふせんを全体的に俯瞰して、「関係している」「つながりがある」と考えられるふせん同士を線でつないだり、囲んだりする。

❸　以下の項目について、グループでディスカッションする。

・ソーシャルワーカーは、ミクロ・メゾ・マクロのどのレベルで発生
　している、どのような問題の解決に働きかける必要があったか。

・ソーシャルワーカーは、発生している問題の解決に向けて、どのよ
　うなシステムに、どのような変化を促す必要があるか。そして、そ
　れらのシステムはミクロ・メゾ・マクロのどのレベルに分布してい
　たか。

・Fさんの買い物問題を解決するためには、どのシステムにどのような変化を促す必要があったか。そして、それらのシステムはミクロ・メゾ・マクロのどのレベルに分布していたか。

※次項の解説を見ながら行う。もし模造紙に書き足す必要がある内容があれば、随時、ふせんに書き出し、模造紙に追加する。

❹ ディスカッションの内容を、クラス全体で共有する。

3 解説

1 ソーシャルワークの対象とソーシャルワーク専門職のグローバル定義

　はじめに、ソーシャルワークの対象を理解するにあたり、その捉え方を理解したい。ソーシャルワークは、人とその人を取り巻く環境、そしてその人と環境の関係において発生している摩擦や不適合による問題や課題の解決に働きかける。

　ソーシャルワーク専門職のグローバル定義（p.6 参照）では、「ソーシャルワークは、生活課題に取り組みウェルビーイングを高めるよう、人々やさまざまな構造に働きかける」としている。この「人々やさまざまな構造」は、まさに「働きかける」対象として記述されている。ではその「人々やさまざまな構造」が指すものとは何だろうか。

　この定義の注釈に示されている「任務」では、個人・家族・小集団・共同体・社会のどのレベルであっても、変革と開発を必要とするとみなされる状況にソーシャルワークが介入するということが示されている。

　さらに注釈に示されている「実践」では、ソーシャルワークが人々とともに、人々とその環境とが交互作用する接点に介入すること、自然環境や地理的環境、人々を構成員とする多様な社会システムを含む社会環境は人々の生活に深く関係しており、ソーシャルワーカーは、さまざまなレベルのシステムで一連のスキルやテクニック、戦略、原則、活動を活用していくこととしている。そして、抑圧的な権力との力関係や不正義のもととなる構造に向きあい、挑むためのソーシャルワークの戦略は、ミクロからマクロ、そして、個人的な次元から政治的な次元の全体を一つのまとまりとした介入を組み込んでいるとしている。

　これらの記述からは、あらゆる大きさの、また、あらゆる種類のシス

テムが、ソーシャルワークの対象となることがわかるだろう。では、ここまでの演習課題を通して、具体的に「人々やさまざまな構造」が指すものが何なのか、理解できたかを振り返っていきたい。

2 「問題発見の発端となる出来事」からの学び

　発端となった出来事は、「D スーパーマーケットの閉店」である。多くの人に買い物の機会を提供してきた D スーパーマーケットの閉店により発生すると考えられた出来事は、ミクロ・メゾ・マクロのどのレベルに多かっただろうか。作業１では、「D スーパーマーケットの閉店」が発生したことをメゾレベルでの出来事と設定したが、関連して発生する問題はメゾレベルに限らず、ミクロレベルやマクロレベルにも広がっていたはずである。

　問題としては、地域の人が買い物をする場所に困るという問題を一番に思い浮かべただろう。これに加えて、D スーパーマーケットの閉店はより多くの問題を投げかけている。なぜなら、D スーパーマーケットは、C 町のなかで買い物の機会を提供する以外の機能も果たしていたからである。

　買い物の機会からみた場合、歩いて行ける距離の D スーパーマーケットが閉店すると、「車を運転して近隣の町にあるスーパーマーケットに買い物に行ける人」と「車を運転できない人」との間で、買い物の機会の格差が拡大する。完全に買い物の機会を失う人もいるかもしれない。特に、地域のなかで孤立している人は、「車で乗り合わせて買い物に行こう」というような自然発生的な助けあいの輪に参加できない可能性もある。また、C 町で唯一の買い物ができる場所であった D スーパーマーケットは、買い物時に町内の人が顔を合わせ、情報交換をする機能も担っていた。地域の人々がほかの地域のスーパーマーケットに買い物に行くことになると、いつも D スーパーマーケットで顔を合わせていた C 町の住民同士のその機会が減ってしまう。

　次に、働く場所を提供する機能から D スーパーマーケットの閉店について考えてみたい。C 町内の住民が多く雇用されていた D スーパーマーケットが閉店すると、C 町内の失業者が増加する可能性もある。C 町内には、もともと働く場所が D スーパーマーケット以外になく、働いていた住民は収入を失ってしまうという問題がミクロレベルで発生する。働く場所を求め、C 町から住民が流出することで、C 町の高齢化に、よりいっそう拍車がかかる可能性がある。

今度は、地域経済との関係で考えてみたい。倒産したE社はDスーパーマーケットを含む8店舗を経営する中規模の会社だった。C町内の経済の問題だけではなく、もともと高齢化と人口流出に悩んでいるA県の景気や経済的状況のさらなる悪化や県全体での雇用状況の悪化という影響も懸念される。A県およびB市の税収にも影響を与え、県や市の財政状況の悪化というマクロレベルの問題を引き起こす可能性もある。B市の財政状況の悪化は、行政の予算の削減につながることになる。本来多くの支援が必要なC町の関連予算の削減が検討される可能性もある。予算削減の検討に対して、B市に対するC町の影響力は弱く、異議を申し立てる力も強くない。その結果、行政サービスが削減されるなど、C町において生活に必要なサービス資源がよりいっそう確保しにくくなる可能性もある。結果的に、Dスーパーマーケットの閉鎖はB市のなかでのC町の弱い立場を際立たせる結果となる。

　たとえば、B市によるC町関連予算の削減の可能性に対しては、B市議会および議員が関係する。C町はB市内でも人口が少ない地域であり、選挙では思うように議員を送り出すことができない。市議会に議員を1名送り込んでいるものの、市議会の意思決定には影響力をもちにくい状況があるだろう。C町を取り巻くこれらの構造が、C町を弱い立場に固定化し、住民の生活上の問題がいつまでも解決されないことにつながっている。

　これらの問題に関係するのは、地域住民個人（たとえばFさん）のほか、C町内の自治会・町内会、学校、頻繁にDスーパーマーケットを活用していた組織・団体、Dスーパーマーケットに勤めていた人とその家族などである。A県の経済的状況や県全体の状況の悪化、C町内の失業者増加に対しては、ハローワーク、地域活性化に取り組むNPOなどが関係するだろう。

　社会福祉協議会のソーシャルワーカーとして、地域の商工会議所やNPO等と連携して、経済的に厳しい状況に置かれた人や家族等への食糧支援の検討、周辺地域の小売業者と連携した買い物方法の確保、移動手段が確保できない住民の移動支援等の検討が求められる。

　ソーシャルワーカーは、ミクロ・メゾ・マクロレベルにわたって、Dスーパーマーケット閉店の影響を緩和したり、問題を解決するのに役立つ資源を発見してネットワーク化し、活用可能にするように働きかけたりすることが求められる。また、地域の問題を共有できるように働きかけ、地域住民を組織化し、エンパワーすることを通して、ともに解決に

向けて資源を作り出すことや固定化されたC町の弱い立場の変化を促すことが期待される。

3 「Fさんの生活を通して」からの学び

Fさんは、唯一の買い物の手段を失い、強い不安を感じている。つまり、Dスーパーマーケット閉店の影響を強く受けた地域住民の1人である。唯一の家族である長女に助けを求めたいが、長女の助けを期待することができない。長女も、Fさんのことが心配で買い物の手助けに行きたいと思っていても、助けに行くことができない状態である。

Fさんが長女の助けを得られない理由は、長女が置かれている生活の環境が影響している。長女はFさんの買い物をサポートしたいと願っているが、夫の母親の介護保険サービス利用拒否と介護、夫の非協力的態度と無理解、脆弱なサポート体制（長女の娘が車で2時間ほど離れたところに暮らしているなど）といった問題が、長女がFさんの買い物をサポートできない理由としてFさんに認識されていた。

社会福祉協議会のソーシャルワーカーは、これらの状況をFさんから聞きつつ、状況を変化させていくためのアプローチを検討していく必要がある。しかし、Fさんの長女は隣の市に暮らしており、介護に関係するサービス利用や相談機能、その他利用可能な資源の状況は、B市と異なる。そのため、直接の問題解決に乗り出すのは難しい。そこで、この問題に関係して、Fさんや長女の承諾を得て、長女が暮らしている隣の市の地域包括支援センターに紹介し、長女が直面している問題の解決に向けた相談受付と介入を依頼することが考えられる。しかし、留意したいのは、Fさんの長女の問題が解決されなければ、Fさんは買い物ができない、ということではない。地域包括支援センターへの紹介は、Fさんの長女が、Fさんの買い物をサポートしたいという思いを実現していくためのアプローチである。Fさんが活用可能な資源を発見、または開発し、買い物ができないという問題を解決していけるように働きかけていく必要がある。この問題に直面しているのはFさんだけではない。

社会福祉協議会のソーシャルワーカーは、Fさんの相談から個別の問題解決の必要性を受けとめつつ、C町にはDスーパーマーケット閉店によって厳しい買い物環境に置かれている地域住民が少なからずいること、家族や友人のサポートを受けられない人たちがいることも視野に入れて対応を検討する必要があることに気づく。車の運転ができない高齢者も、安心して買い物ができる環境を構築すべく、移動販売を実施でき

る小売店との連携、Dスーパーマーケット閉店のあとに小売り事業を担ってくれる事業者やNPOとの連携、農家との協働による青空市の開催、社会福祉協議会内の新規事業立ち上げなどを検討することと関係して、県庁や市役所の企画政策担当部署や地域活性化担当部署、産業振興関連部署、社会福祉・高齢福祉担当部署への働きかけが必要になるかもしれない。

　また、移動の問題に注目すると、この地域でバスを運行している会社に、オンデマンドバスへの切り替えや高齢者の買い物のために1往復増便の検討を依頼すること、タクシー会社に買い物目的の定額運賃採用の協力を依頼すること、新たな移動支援サービスを検討してくれるNPOなどの団体を探すことも考えることができるだろう。また、移動支援に関する行政サービスの構築も検討することができる。

　地域にある資源については、住民同士で乗りあって買い物に出かける人たちもいるかもしれない。近所の車を運転できる人への協力の依頼も考えることができる。近所にいる友人の車に乗って一緒に買い物に出かける、ということは可能かもしれない。しかし、個人的な付き合いによる乗りあいを越えて、自家用車の乗りあいの仕組みをつくって運転できる人にボランティアをお願いする、というアイデアの場合は、補償の問題や法的な問題といった壁を乗り越える必要もある。

■4 「模造紙全体を俯瞰して」からの学び

　ディスカッションを通じて、ソーシャルワークの対象として、変化に向けて働きかける対象となるシステムや解決に取り組む問題が、ミクロ・メゾ・マクロレベルにわたっていることがわかる。変化に向けて働きかける対象は、個人とその関係者であったり、家族、グループ、組織、コミュニティ、より大きな地域社会やコミュニティという単位であったり、地方公共団体の議会の政策であったり、社会経済的状況であったりした。ソーシャルワーカーが問題解決に向けて働きかける対象が多様であることがわかる。

　模造紙に書かれている個人、家族、グループ、組織、コミュニティ、地方公共団体、ネットワーク、そしてより大きな社会環境はミクロ・メゾ・マクロの各レベルを越えて交互に作用する関係にある。そのことを示すように、何本もの線がミクロ・メゾ・マクロのレベルの境界線を示す点線をクロスして、引かれているだろう。

　この演習課題のストーリーは、「Dスーパーマーケット閉店」に端を

発している。しかし、実際には閉店する前から、地域のなかには買い物
困難問題は存在していたはずである。閉店がトリガーとなって、この地
域の「構造的な買い物困難問題」がはっきりとみえるようになったとも
考えられる。

　ソーシャルワーカーは、この顕在化した問題に対して、個々人の問題
解決のみに焦点を当てるのではなく、誰もが利用できるサービスの開発
や既存の組織・団体の活用可能性を高めること、地域社会のルールや自
治体の制度・政策を変化させることなど、買い物困難問題を発生させて
いる不利や格差等の構造に着目することが求められる。そして、それら
に変化をもたらすことができれば、買い物困難問題の発生を減少させた
り、緩和させたりすることが期待できる。

　ソーシャルワーカーは、個々人に発生している問題を対象に解決に取
り組むだけではない。その問題を発生させている構造を対象に変化を促
すことによって、問題そのものが発生しない社会の構築に取り組むのも
重要な役割である。個々人に発生している問題を個人の責任に帰すこと
なく、社会環境との接点で何が起きているのかをみつめ、ミクロ・メゾ・
マクロレベルにわたる多様な対象に介入し、変化を促していくことが求
められている。

ソーシャルワークの価値基準および倫理、理念

1 演習のねらいとポイント

1 演習のねらい

　価値基準、倫理、理念、原理・原則は、ソーシャルワーク専門職による実践として成り立たせるための基礎・基盤となる。そして、理念（philosophy）とはソーシャルワーク専門職の価値観と倫理観を反映したものであり、また企業理念という場合は使命・価値・ビジョンなどから構成されるなど、いくつかの要素から構成されることが多い。したがって、まずはこれらを実践の前提として認識し、用語の意味や必要性を正しく理解しておくことが重要である。

　本節では、ソーシャルワーク実践の基盤となる価値基準、倫理、理念、原理・原則の意義および必要性を理解し、それらを基礎として具体的に発揮することが求められる実践能力（コンピテンシー）を習得することをねらいとする。なお、価値基準や理念、原理等は基礎となるため、本来はすべてのコンピテンシーについて言及が必要だが、本節では特にコンピテンシー（pp.12-16参照）1の「倫理的かつ専門職としての行動がとれる」、2の「実践において多様性と相違に対応する」、3の「人権と社会的・経済的・環境的な正義を推進する」の習得をねらいとして演習課題を設定する。

2 演習のポイント

・用語の意味を正しく理解し、ソーシャルワーク実践において必要とされている理由や背景を説明できるようになる。
・ソーシャルワークの中核とされている諸原理や原則の意義、必要性について具体例を踏まえて理解し、実際に行動するためのコンピテンシーを習得する。
・「社会福祉士の倫理綱領」に規定された項目について具体例を踏まえて理解し、実際に行動するためのコンピテンシーを習得する。

・専門職の価値観や倫理等を基礎としたソーシャルワーク実践の意義や課題について、具体例を踏まえて理解し、説明できるようになる。

2 演習課題 1
── 個人的な価値観と専門職としての価値観

「価値観」という用語は、日常生活においても一般的に使用されている。それでは、個人的な価値観（大切にしていること）と専門職としての価値観との違いは何なのか。次の演習を通して考えてみよう。

1 演習

次の❶～❸の質問について、自由に考えてみよう。

❶ あなたが生活するうえで、個人的に大切にしていること・ものは何か？

❷ ふだん、あなたが判断・決断するときや行動するときに何を基準にしているか？　明確な基準はあるか？

❸ ソーシャルワーク専門職として実践するにあたり、なくてはならないこと・ものは何か？

2 解説

「個人的な価値観」と「専門的な立場となるソーシャルワーカーの価値観」との決定的な違いは、「専門職」であるかまたは「専門性」があるかという点である。両者の違いは、専門職の定義や内容を理解することによって明らかとなる。ソーシャルワーカーの専門職の条件として示されている内容が、ソーシャルワーク実践を展開する際の基盤すなわち「価値基準」となる。

まず、専門職に関するいくつかの定義や考え方を提示し、専門的立場からみた価値基準の意義と必要性について確認する。

仲村は、社会福祉士の専門職に関する解釈にあたり、ミラーソン（Millerson, G.）の専門職（プロフェッション）の概念とほかの論者の概念を踏まえ、共通に含まれている専門職の視点の特徴として**表 3-1** の 6 点を挙げている[1]。

また、京極は、ソーシャルワーカーの職業的専門性（ソーシャルワークの専門性）として、少なくとも、❶職業的倫理（人権擁護および自立援助、守秘義務）、❷職業的専門知識（各種社会福祉制度・関連分野に

表3-1　専門職の視点の特徴

❶　専門職とは、一定の理論にもとづいた技術を持つこと。
❷　その技術を得るには、一定の教育と訓練が必要であること。
❸　専門職員になるには、一定のテストに合格して能力が実証されなければならないこと。
❹　専門職員は、その行動の綱領（倫理綱領）を守ることによって、その統一性が保たれること。
❺　専門職員のサービスは、公衆の福祉につらなるものであること。
❻　専門職はその職が組織化されていること。

出典：仲村優一『仲村優一社会福祉著作集第6巻　社会福祉教育・専門職論』旬報社，p.167, 2002.

関する知識）、❸職業的専門技術（広義の社会福祉援助技術）の三つの要素から構成されると述べ、社会福祉士の職業倫理と専門性の構造の特徴を示した[2)]。

　そして、秋山は、フレックスナー（Flexner, A.）、グリーンウッド（Greenwood, E.）、ミラーソンによる専門職の条件を検討して平均的な要因を抽出し、社会福祉専門職の条件として、❶体系的な理論、❷伝達可能な技術、❸公共の関心と福祉という目的、❹専門職の組織化（専門職団体）、❺倫理綱領、❻テストか学歴に基づく社会的承認の6点を挙げている[3)]。

　これらの考え方の整理を踏まえ、あらためて、両者の違いについて整理したい。個人的な価値観についていえば、友達になるときや関係を解消するときなど、自分の行動を決める際に何を基準にしているだろうか。たとえば、友達になる場合は、何となく、気が合うから、趣味が合うから、バイト先や部活が一緒だから、などがあるだろう。また、関係を解消する場合は、気に入らない、自分の言うことを聞かない、考え方が合わない、何となく、などがあるだろう。このように、個人的な立場においては、関係を築いたり解消したりする際の判断や行動の基準や理由は一人ひとり異なっている。さらに、個人の基準を第三者や社会のなかでの共通の基準として一般化することはできない。

　一方、ソーシャルワーカーは、専門職として一定の価値基準をもっている。日本では、社会福祉士または精神保健福祉士の国家資格保有者であれば共通の価値基準に則り、一定の判断や行動ができる状態にあることを意味している。たとえば、判断に影響を与える場面を考えると、ニーズ発見、対象者の選定、対象者の支援の方向性、ソーシャルワーカーの時間の費やし方、社会資源の配分の仕方、クライエントを支援するアプローチや方法の選択、瞬時の判断などがある。もし、このような

場面で個人的な価値観や気分で判断し行動したとするならば、それはクライエントの不利益につながることになる。

　最後に、社会福祉士および精神保健福祉士はソーシャルワーク専門職として専門職の条件に掲げられた内容を基準として行動することが求められる。両資格において絶対的な価値基準として明文化され、組織的な承認を得ているのが「ソーシャルワーク専門職のグローバル定義」「社会福祉士の倫理綱領」ならびに「精神保健福祉士の倫理綱領」である。また、ソーシャルワークにおいて重要とされる倫理や原理・原則は、実践の基盤となる考え方を示したものとして考える必要がある。

　ソーシャルワーク専門職は、自分が勤務している施設・機関または分野・領域を問わず、これらを基準として実践を展開し、自らの専門性を社会に対して説明する責任を果たさなければならない。

3 演習課題2
──ソーシャルワークにおける倫理

　倫理とは、辞書では、「社会生活で人の守るべき道理。人が行動する際、規範となるもの[4]」とされている。また、道理とは、「物事のそうあるべきこと。当然のすじみち。正しい論理[5]」を意味している。つまり、ソーシャルワークにおける倫理とは「ソーシャルワーカーが実践するうえで守るべき正しい道であり、規範となるもの」といえる。では、なぜソーシャルワークにおいて倫理が重要視され、どのような場面で必要とされるのだろうか。

■1 演習

　次の❶〜❸を読み、専門職としての倫理からみて適切な点、不適切な点を考えてみよう。

❶　社会福祉施設・機関の職員を対象にした虐待の研修会に参加したGソーシャルワーカーは、参加者の実践能力を高めて効果的な支援内容を共有することが大切だと考え、参加者が守秘義務を徹底できると信じてクライエントの個人情報を加工せずに事例を報告した。

❷　特別養護老人ホームで勤務しているHソーシャルワーカーは、入居者の家族からお礼の手紙を手渡された。封筒の中に3000円分のギフトカードが同封してあり、少額なので受け取った。

❸　精神障害者の支援事業所に勤務するJソーシャルワーカーは、クラ

イエントの就労先を決める際、本人の意見は現実的ではないと判断
し、本人の生活状況をよく把握している同居家族の意向を尊重するこ
とにした。

2 解説

　ソーシャルワーク専門職の倫理を理解するには、まず社会福祉士およ
び精神保健福祉士の倫理綱領を確認する必要がある。それぞれの倫理綱
領は各職能団体のウェブサイトで確認できる。まず、前文を熟読し、具
体的な倫理的行動が書かれた倫理基準を確認してほしい。

　社会福祉士の倫理基準は、❶クライエントに対する倫理責任、❷組織・
職場に対する倫理責任、❸社会に対する倫理責任、❹専門職としての倫
理責任の四つで構成されている。また、精神保健福祉士の倫理基準は、
①クライエントに対する責務、②専門職としての責務、③機関に対する
責務、④社会に対する責務の四つで構成されている。本節では、紙幅の
関係上、クライエントに対する倫理責任（責務）と社会に対する倫理責
任（責務）を基に、演習課題 2 について解説する。

　演習の❶の事例では、ソーシャルワーカーの個人的な判断でクライエ
ントの個人情報を加工せずに報告したことが秘密保持や個人情報保護に
反する行為となる。本人の了承を得た場合を除き、事例のように専門職
の研修であっても個人的な価値基準と判断によって報告することは適切
とはいえない。

　演習の❷の事例では、ソーシャルワーカーはクライエントから原則的
に謝礼を受け取るべきではない。現金や商品券の授受は、他者から見る
と利益誘導につながっているように見えるため注意が必要である。勤務
先の規則に従うことが一般的といえる。

　演習の❸の事例では、就労先を決めるにあたり、クライエントの意見
が現実的ではないと断定することはできない。また、同居家族の意向を
尊重するという点もクライエントの自己決定や意思決定を尊重する観点
から適切とはいえない。

社会福祉士の倫理綱領（一部抜粋）

2020年 6 月30日採択

倫理基準

Ⅰ　クライエントに対する倫理責任

　1 ．（クライエントとの関係）　社会福祉士は、クライエントとの専門的援助関係を
　　最も大切にし、それを自己の利益のために利用しない。

　2 ．（クライエントの利益の最優先）　社会福祉士は、業務の遂行に際して、クライ

エントの利益を最優先に考える。

3．（受容）　社会福祉士は、自らの先入観や偏見を排し、クライエントをあるがままに受容する。

4．（説明責任）　社会福祉士は、クライエントに必要な情報を適切な方法・わかりやすい表現を用いて提供する。

5．（クライエントの自己決定の尊重）　社会福祉士は、クライエントの自己決定を尊重し、クライエントがその権利を十分に理解し、活用できるようにする。また、社会福祉士は、クライエントの自己決定が本人の生命や健康を大きく損ねる場合や、他者の権利を脅かすような場合は、人と環境の相互作用の視点からクライエントとそこに関係する人々相互のウェルビーイングの調和を図ることに努める。

6．（参加の促進）　社会福祉士は、クライエントが自らの人生に影響を及ぼす決定や行動のすべての局面において、完全な関与と参加を促進する。

7．（クライエントの意思決定への対応）　社会福祉士は、意思決定が困難なクライエントに対して、常に最善の方法を用いて利益と権利を擁護する。

8．（プライバシーの尊重と秘密の保持）　社会福祉士は、クライエントのプライバシーを尊重し秘密を保持する。

9．（記録の開示）　社会福祉士は、クライエントから記録の開示の要求があった場合、非開示とすべき正当な事由がない限り、クライエントに記録を開示する。

10．（差別や虐待の禁止）　社会福祉士は、クライエントに対していかなる差別・虐待もしない。

11．（権利擁護）　社会福祉士は、クライエントの権利を擁護し、その権利の行使を促進する。

12．（情報処理技術の適切な使用）　社会福祉士は、情報処理技術の利用がクライエントの権利を侵害する危険性があることを認識し、その適切な使用に努める。

Ⅲ　社会に対する倫理責任

1．（ソーシャル・インクルージョン）　社会福祉士は、あらゆる差別、貧困、抑圧、排除、無関心、暴力、環境破壊などに立ち向かい、包摂的な社会をめざす。

2．（社会への働きかけ）　社会福祉士は、人権と社会正義の増進において変革と開発が必要であるとみなすとき、人々の主体性を活かしながら、社会に働きかける。

3．（グローバル社会への働きかけ）　社会福祉士は、人権と社会正義に関する課題を解決するため、全世界のソーシャルワーカーと連帯し、グローバル社会に働きかける。

精神保健福祉士の倫理綱領（一部抜粋）

倫理基準

1．クライエントに対する責務

（1）クライエントへの関わり

　精神保健福祉士は、クライエントをかけがえのない一人の人として尊重し、専門的援助関係を結び、クライエントとともに問題の解決を図る。

（2）自己決定の尊重

a　クライエントの知る権利を尊重し、クライエントが必要とする支援、信頼のおける情報を適切な方法で説明し、クライエントが決定できるよう援助する。

b　業務遂行に関して、サービスを利用する権利および利益、不利益について説明し、疑問に十分応えた後、援助を行う。援助の開始にあたっては、所属する機関や精神保健福祉士の業務について契約関係を明確にする。

c　クライエントが決定することが困難な場合、クライエントの利益を守るため最大限の努力をする。

（3）プライバシーと秘密保持

　精神保健福祉士は、クライエントのプライバシーの権利を擁護し、業務上知り得た個人情報について秘密を保持する。なお、業務を辞めたあとでも、秘密を保持する義務は継続する。

a　第三者から情報の開示の要求がある場合、クライエントの同意を得た上で開示する。クライエントに不利益を及ぼす可能性がある時には、クライエントの秘密保持を優先する。

　b　秘密を保持することにより、クライエントまたは第三者の生命、財産に緊急の被害が予測される場合は、クライエントとの協議を含め慎重に対処する。

　c　複数の機関による支援やケースカンファレンス等を行う場合には、本人の了承を得て行い、個人情報の提供は必要最小限にとどめる。また、その秘密保持に関しては、細心の注意を払う。
　　クライエントに関係する人々の個人情報に関しても同様の配慮を行う。

　d　クライエントを他機関に紹介する時には、個人情報や記録の提供についてクライエントとの協議を経て決める。

　e　研究等の目的で事例検討を行うときには、本人の了承を得るとともに、個人を特定できないように留意する。

　f　クライエントから要求がある時は、クライエントの個人情報を開示する。ただし、記録の中にある第三者の秘密を保護しなければならない。

　g　電子機器等によりクライエントの情報を伝達する場合、その情報の秘密性を保証できるよう最善の方策を用い、慎重に行う。

（4）クライエントの批判に対する責務
　　精神保健福祉士は、自己の業務におけるクライエントからの批判・評価を受けとめ、改善に努める。

（5）一般的責務
　a　精神保健福祉士は、職業的立場を認識し、いかなる事情の下でも精神的・身体的・性的いやがらせ等人格を傷つける行為をしてはならない。

　b　精神保健福祉士は、機関が定めた契約による報酬や公的基準で定められた以外の金品の要求・授受をしてはならない。

4．社会に対する責務
　　精神保健福祉士は、専門職としての価値・理論・実践をもって、地域および社会の活動に参画し、社会の変革と精神保健福祉の向上に貢献する。

　また、参考として、全米ソーシャルワーカー協会が作成した倫理綱領[6]も確認しておきたい。この倫理綱領は、ソーシャルワーカーが専門職として行動するための基準として、専門性を指し示す原則となっている。

全米ソーシャルワーカー協会の倫理綱領（Code of Ethics）（一部抜粋）
倫理原則
　以下の倫理原則は、サービス、社会正義、人間の尊厳と価値、人間関係の重要性、誠実性、コンピテンスといったソーシャルワークの中核的価値観に基づいている。これらの原則は、すべてのソーシャルワーカーが目指すべき理想を示している。
価値：貢献（サービス）
倫理原則：ソーシャルワーカーの第一の目標は必要としている人々を助け、社会問題に対処すること。
　ソーシャルワーカーは、自己利益よりも他者への貢献を重視する。ソーシャルワーカーは、必要としている人々を助け、社会問題に対処するために、自分の知識、価値観、スキルを活用する。ソーシャルワーカーは、多額の金銭的見返りを期待せずに、専門的なスキルの一部を無償提供することが求められる（プロボノ・サービス）。
価値：社会正義
倫理原則：ソーシャルワーカーは社会的不正に挑戦する。
　ソーシャルワーカーは、社会的変化を追求し、特に脆弱で抑圧された個人と人々のグループに代わって社会的変化を追求する。ソーシャルワーカーの社会変革への取り

★プロボノ
自らの職務上の専門的な知識や技能を社会全体のための善（公共善）や社会貢献のために無償またはわずかな報酬で行う活動。ラテン語の pro bono publico（公益のために）に由来する言葉。

組みは、主に貧困、失業、差別、および他の形態の社会的不正の問題に焦点を当てている。これらの活動は、抑圧や文化的・民族的多様性に対する感受性と知識を促進することを目指している。ソーシャルワーカーは、必要とされる情報、サービスおよび資源へのアクセス、機会の平等、およびすべての人々の意思決定への有意義な参加を確保するように努める。

価値：人間の尊厳と価値
倫理原則：ソーシャルワーカーは、人間の固有の尊厳と価値を尊重する。
　ソーシャルワーカーは、個人の違いや文化的・民族的多様性に配慮し、思いやりと敬意をもって一人ひとりに接する。ソーシャルワーカーは、クライエントの社会的責任のある自己決定を促進する。ソーシャルワーカーは、クライエントの変化する能力と機会を高め、クライエント自身のニーズに取り組むことを追求する。ソーシャルワーカーは、クライエントおよびより広い社会に対する二重の責任を認識している。ソーシャルワーカーは、専門職の価値観、倫理原則、倫理基準に沿った社会的責任のある方法で、クライエントの利益とより広い社会の利益との間の葛藤を解決する。

価値：人間関係の重要性
倫理原則：ソーシャルワーカーは、人間関係の中心的な重要性を認識している。
　ソーシャルワーカーは、人と人との間の関係が変化のための重要な手段であることを理解する。ソーシャルワーカーは、人々を支援のパートナーとして関与することを促す。ソーシャルワーカーは、個人、家族、社会集団、組織、地域社会のウェルビーイングを促進、回復、維持し、向上させる目的のある努力のなかで、人と人との関係を強化する。

価値：誠実性
倫理原則：ソーシャルワーカーは信頼される方法で行動する。
　ソーシャルワーカーは、専門職の使命、価値観、倫理原則、および倫理基準を継続的に認識し、それらと一致した方法で実践する。ソーシャルワーカーは、誠実かつ責任をもって行動し、所属する組織の側で倫理的実践を推進する。

価値：コンピテンス
倫理原則：ソーシャルワーカーは、自分のコンピテンスの範囲内で実践し、専門的な専門知識を開発・向上させる。
　ソーシャルワーカーは、専門的な知識とスキルを向上させ、実践に活かすために継続的に努力する。ソーシャルワーカーは、専門職の知識基盤に貢献することを目指すべきである。

出典：National Association of Social Workers, 'Read the Code of Ethics' https://www.socialworkers.org/About/Ethics/Code-of-Ethics/Code-of-Ethics-English をもとに筆者作成

4 **演習課題 3**
──倫理的ジレンマ

　実践現場では、専門職としての価値基準とは異なる対応が求められたり判断に迷ったりする場面に直面することがある。

1 演習
　次の❶〜❹を読み、具体的な場面を想定してジレンマの実態や解決方法について考えてみよう。
❶　社会福祉協議会の K ソーシャルワーカーは日常生活自立支援事業の専門員をしている。ある日、プライベートでの買い物中にパチンコ

店に入っていくLさん（50歳、女性）の姿を見かけた。Lさんは生活保護を利用し、日常生活自立支援事業も利用している。

❷　Mさん（80歳、男性）が同居している息子から身体的虐待を受けていることがわかった。市の判断を踏まえ、地域包括支援センターのN社会福祉士は、Mさんに施設への一時入所と病院での治療を勧めたが、Mさんは息子との同居を希望し、施設入所をかたくなに拒否している。

❸　窃盗を繰り返して刑務所に入った経験があるPさん（45歳、女性）の就労支援をしているQ相談員は、ある事業者の店長から、「盗みをするような人を採用しなくちゃならないのが意味不明だ。そんな人は家族が最期まで面倒みるものでしょう。甘えてるよ」と言われた。

❹　R市には外国籍市民が多く住んでいる。外国人に対しては就学の義務が課されていないことや、居住状況が正確に把握できていなかったことなどにより、不就学の子どもを就学に結びつけることができていない。

2 解説

ジレンマとは、自分の思いどおりにしたい二つの事柄のうち、一方を思いどおりにすると他方が必然的に不都合な結果になるという苦しい立場のこと、すなわち「板ばさみ」の状態を表す。論理学では、通常、望ましくない二つの選言肢をもつ結論が出てくる議論のことをいう。

演習の❶は、ミクロレベルにおけるジレンマの事例である。ソーシャルワーカーは、クライエントの趣味や交遊などにかかる行動を制限することは目的としていないが、この事例では生活の安定化とクライエントの自己選択や自己決定の尊重などとの間で板ばさみとなっている。Kソーシャルワーカーは、Lさんが何らかの経済的な問題を抱え、生活を安定させるために制度を利用していることを理解したうえで、支援している。Kソーシャルワーカーは、クライエントの意思や願いなどを聴き、専門職の価値基準に基づく判断の意味を説明し、健康の維持や生活が安定する姿を共有し、実現に向けて一緒に取り組んでいくことが求められる。

演習の❷は、ミクロレベルにおけるジレンマの事例である。N社会福祉士は、虐待を受けたMさんの保護および安全確保とMさんの意思や希望との間で板ばさみとなっている。虐待や病気などの緊急性が高い事案については、通常、業務指針や行動マニュアルなど基準や規則とな

るものが準備されている。それらの基準を踏まえ、対応の優先度や方法を決めることになる。

演習の❸は、メゾレベルにおけるジレンマの事例である。Q相談員は、Pさんのような社会復帰と事業者の価値観との間で板ばさみとなっている。偏見と思われる発言をした人を無視したり批判したりすることは容易ではあるが、社会に対する倫理責任を果たすことが求められている専門職としての実践とはいえない。そのような考えを聴き、理解に向けて対話を重ねていく必要がある。

演習の❹は、マクロレベルにおけるジレンマの事例である。外国籍の子どもには就学義務はないが、「子どもの権利条約」にも規定されているように、国籍を問わずすべての児童に教育を受ける権利がある。ソーシャルワーカーは、子どもの教育を受ける権利の実現と外国籍の子どもの就学に関する法制度の整備状況との間で板ばさみとなっている。制度的には不就学が問題でなかったとしても、専門職の価値観や倫理およびアドボカシーの観点から、子どもとその家族が直面している学習や教育に関するニーズを把握し、ジレンマ解消のため社会に働きかける実践が求められる。

川村は、倫理的ジレンマ（ディレンマ）の構造として、❶自分の価値観とソーシャルワーク倫理のジレンマ、❷自分の価値観とクライエントの価値観のジレンマ、❸自分の価値観と同僚・ほかの専門職の価値観のジレンマ、❹自分の価値観と所属組織の価値観のジレンマ、❺ソーシャルワーク倫理同士のジレンマ、❻社会環境（時間・資源の制約）によって生じるジレンマの六つを挙げている[7]。

ソーシャルワーカーは、自分自身のなかでは「個人的な立場」と「専門職としての立場」との間でジレンマに陥ることが想定される。ソーシャルワーカー自身の個人的な価値観や経験、思い込みなどが、専門職としての判断を誤らせる場合もある。他者との関係においては、ソーシャルワークは、公私の社会資源を活用し、多職種連携やチームアプローチによって支援を展開する特徴をもっていることから、かかわる人（ステークホルダー）の数だけジレンマが生じる可能性があるといえる。また、法令、サービスの利用基準、組織の規則、地域の慣習、社会的風潮などとの間でジレンマが生じることも考えられる。そのような状況に直面したときに、判断や対応の指針となる倫理綱領は、いわば専門職としての価値基準、倫理や原理・原則ということになる。しかしながら、倫理綱領の項目同士でぶつかることもあるため、ジレンマを解決するた

めにはいくつかの段階を経て、取り組む順番を決めていく必要がある。

　ドルゴフ（Dolgoff, R.）らは、ジレンマに陥った際の行動指針と倫理的原理スクリーン（ethical principles screen：EPS）を示している[8]（**表3-2**）。まず、次の❶～❸の順番で対象となる事案を確認し、最終的にEPSを用いて判断する。ソーシャルワーカーの場合は、各種職能団体の倫理綱領が基準となる。

❶　倫理綱領を調べ、倫理綱領の規則が適用されるかどうかを判断する。これらの規則は、ソーシャルワーカーの個人的な価値観よりも優先される。

❷　一つ以上の倫理綱領の規則が適用される場合は規則に従う。

❸　倫理綱領が特定の問題に対処していない場合、または、いくつかの倫理綱領の規則が矛盾する指針を提供している場合は、「倫理的原理スクリーン」を使用する。

　また、川村は、倫理的ジレンマ（ディレンマ）の解決方法として、

表3-2　倫理的原理スクリーン

❶　生命の保護
❷　社会正義
❸　自己決定の自由
❹　危害最小
❺　生活の質
❻　個人情報と守秘義務
❼　誠実と開示

出典：Dolgoff, R., Harrington, D., et al., *Ethical Decisions for Social Work Practice*, Brooks / Cole Publishing Company, 2011. をもとに筆者作成

表3-3　倫理的ジレンマ（ディレンマ）解決のための10のステップ

ステップ1	ディレンマの状況を把握する
ステップ2	人や組織の役割・利害関係・価値観・判断基準・意思決定能力を把握する
ステップ3	関係する倫理原則・基準を挙げ、適応状況を考える
ステップ4	価値・倫理のぶつかりあい（ディレンマの構造）を考える
ステップ5	優先されるべき価値と倫理を考える
ステップ6	法的、時間的、社会資源的制限や限界を考える
ステップ7	専門家、同僚、スーパーバイザーからの情報、助言を得る
ステップ8	選択肢を示し、根拠、結果予測、リスクを考える
ステップ9	選択肢の決定と最終チェックを行い、実行する
ステップ10	結果を観察し、同時に、ディレンマ解消のために社会へ働きかける

出典：川村隆彦『価値と倫理を根底に置いたソーシャルワーク演習』中央法規出版, pp.69-71, 2002. をもとに筆者作成

10のステップを提案している[9]（**表3-3**）。これらのステップを参考に、本節で提示した事例以外に関する具体的なジレンマの実態を調べ、考えてみよう。

5 演習課題4 ——ソーシャルワークの理念、原理・原則

　理念とは、辞書では、「ある物事についての、こうあるべきだという根本の考え[10]」とされている。たとえば、教育理念という言葉があるが、教育が到達すべき究極の理想的な姿という意味がある。ソーシャルワークの理念とは、ソーシャルワークのあるべき姿や究極の理想的な姿であり、それを実現するための根本的な考えといえる。ソーシャルワークの理念には、ソーシャルワークの価値が反映されているため、両者を結びつけて理解することが重要である。ソーシャルワーカーは、理念の実現に向け、原則に則って実践することが求められる。

　原理とは、辞書では、「事象やそれについての認識を成り立たせる、根本となるしくみ[11]」とされている。また、原則とは、辞書では、「人間の社会的活動の中で、多くの場合にあてはまる基本的な規則や法則[12]」とされている。これらを踏まえると、ソーシャルワークの原理・原則とは、「ソーシャルワーク実践を成り立たせる根本的なしくみであり、実践するうえで守らなければならない決まり、規則」といえる。

　演習課題4では、まずはソーシャルワークの原理・原則が書かれている「ソーシャルワーク専門職のグローバル定義」と「社会福祉士の倫理綱領」を熟読し、それを踏まえて人間の尊厳を尊重し、自由で公正な社会を築いていくための原理・原則の意義や課題について考えてみたい。

1 演習1——ソーシャルワーク専門職のグローバル定義

　ソーシャルワーク専門職のグローバル定義に書かれている一つひとつの用語や表現に注意して熟読しよう。ソーシャルワーク専門職のグローバル定義では、❶社会正義、❷人権、❸集団的責任、❹多様性尊重の4項目がソーシャルワークの中核となる原理（原則）として定められ

ⅰ　ソーシャルワーク専門職のグローバル定義の注釈❷原則（principle）の用語については、日本社会福祉教育学校連盟と社会福祉専門職団体協議会との共同日本語訳では「原理」とされているが、注釈では「原則」と訳されているため、混乱を避ける意味で本文では「原理（原則）」と表記する。

表3-4 ソーシャルワーク専門職のグローバル定義

> ソーシャルワークは、社会変革と社会開発、社会的結束、および人々のエンパワメントと解放を促進する、実践に基づいた専門職であり学問である。社会正義、人権、集団的責任、および多様性尊重の諸原理は、ソーシャルワークの中核をなす。ソーシャルワークの理論、社会科学、人文学、および地域・民族固有の知を基盤として、ソーシャルワークは、生活課題に取り組みウェルビーイングを高めるよう、人々やさまざまな構造に働きかける。
> この定義は、各国および世界の各地域で展開してもよい。

ている（**表3-4**）。それぞれの意味を調べ、なぜソーシャルワーク専門職の定義に規定されたのか、意義と必要について考えてみよう。

なお、作業を進めるにあたっては、「IFSW（国際ソーシャルワーカー連盟）の『ソーシャルワークのグローバル定義』新しい定義案を考える10のポイント」（社会福祉専門職団体協議会（社専協）国際委員会）などを活用するとよいだろう。

2 演習1の解説

ソーシャルワークの中核となる原理（原則）には前述の4項目が定められている。

原理とは、辞書には、「①ものの拠って立つ根本法則。認識又は行為の根本にあるきまり。②他のものがそれに依存する本源的なもの[13]」とある。法則とは、必ず守らなければならない規範とされている。また、原則とは、人間の活動の根本的な規則のことであり、人間がどのように活動すべきかを指し示すものである。

以上を踏まえると、4項目の原理（原則）はソーシャルワーク実践を展開するにあたり、よって立つ根本的に守らなければならない規範となる。ソーシャルワーカーは、行動の根拠とすべき原理（原則）を重視し、専門職としてクライエントの生活課題に取り組み、ウェルビーイングを高める実践が求められる。

3 演習2——社会福祉士の倫理綱領・原理

社会福祉士の倫理綱領に示された原理を確認してみよう。社会福祉士の倫理綱領においては、❶人間の尊厳、❷人権、❸社会正義、❹集団的責任、❺多様性の尊重、❻全人的存在の六つが原理として定められている。また、精神保健福祉士の倫理綱領においては、①クライエントに対する責務、②専門職としての責務、③機関に対する責務、④社会に対する責務の四つが倫理原則として定められている。ここでは、社会福祉士

の倫理綱領の原理の意味を調べ、ソーシャルワーク専門職である社会福祉士の倫理綱領に規定された意義と必要性について考えてみよう。

社会福祉士の倫理綱領（一部抜粋）

2020年 6 月30日採択

原理

Ⅰ（人間の尊厳）　社会福祉士は、すべての人々を、出自、人種、民族、国籍、性別、性自認、性的指向、年齢、身体的精神的状況、宗教的文化的背景、社会的地位、経済状況などの違いにかかわらず、かけがえのない存在として尊重する。

Ⅱ（人権）　社会福祉士は、すべての人々を生まれながらにして侵すことのできない権利を有する存在であることを認識し、いかなる理由によってもその権利の抑圧・侵害・略奪を容認しない。

Ⅲ（社会正義）　社会福祉士は、差別、貧困、抑圧、排除、無関心、暴力、環境破壊などの無い、自由、平等、共生に基づく社会正義の実現をめざす。

Ⅳ（集団的責任）　社会福祉士は、集団の有する力と責任を認識し、人と環境の双方に働きかけて、互恵的な社会の実現に貢献する。

Ⅴ（多様性の尊重）　社会福祉士は、個人、家族、集団、地域社会に存在する多様性を認識し、それらを尊重する社会の実現をめざす。

Ⅵ（全人的存在）　社会福祉士は、すべての人々を生物的、心理的、社会的、文化的、スピリチュアルな側面からなる全人的な存在として認識する。

---

4 演習 2 の解説

　演習 1 の解説で述べたように、原理には、よって立つ根本的に守らなければならない規範という意味がある。社会福祉士の倫理綱領の前文には、「われわれは平和を擁護し、社会正義、人権、集団的責任、多様性尊重および全人的存在の原理に則り、人々がつながりを実感できる社会への変革と社会的包摂の実現をめざす専門職であり、多様な人々や組織と協働することを言明する」と明記されていることから、対象とするクライエントや分野・領域を問わず、社会福祉士の共通基盤として認識し実践しなければならない。

5 演習 3

──人間の尊厳の尊重と公正な社会の実現：ハンセン病問題から学ぶ

　次の文章を読み、❶〜❺の演習に取り組んでみよう。

---

　19 世紀後半、ハンセン病はコレラやペストなどと同じような恐ろしい伝染病であると考えられていました。当初は、家を出て各地を放浪する患者が施設に収容されましたが、やがて自宅で療養する患者も収容されるようになりました。ハンセン病と診断されると、市町村や療養所の職員、医師らが**警察官**を伴ってたびたび患者のもとを訪れま

した。そのうち近所に知られるようになり、家族も偏見や差別の対象にされることがあったため、患者は自ら療養所に行くより仕方ない状況に追い込まれていったのです。このような状況のもとで、昭和6年（1931年）にすべての患者の隔離を目指した「癩予防法」が成立し、療養所の増床が行われ、各地にも新しく療養所が建設されて行きました。また、各県では「無癩県運動」という名のもとに、患者を見つけ出し療養所に送り込む施策が行われました。保健所の職員が患者の自宅を徹底的に消毒し、人里離れた場所に作られた療養所に送られていくという光景が、人々の心の中にハンセン病は恐ろしいというイメージを植え付け、それが偏見や差別を助長していったのです。

出典：厚生労働省「中学生向けパンフレット『ハンセン病の向こう側』」p.2，2020．https://www.mhlw.go.jp/houdou/2003/01/dl/h0131-5i.pdf

❶　ハンセン病病歴者とその家族がどのような場面で偏見や差別の被害を受け、人権や個人の尊厳が冒されたのかを調べ、話しあってみよう。

❷　当事者が偏見や差別のなかでどのような思いをもちながら生きてきたのかを調べ、話しあってみよう。

❸　どのような政策が人権侵害や差別などを生み出したのかを調べ、話しあってみよう。

❹　社会や人々のどのような行動が、ハンセン病患者や回復者の尊厳を冒すことになったのかを調べ、話しあってみよう。

❺　現在も根深く残っているハンセン病に関する偏見や差別の原因や理由を調べ、それらをなくすため、ソーシャルワークの原則を踏まえて行うべきことを考え、話しあってみよう。

6 演習3の解説

　ハンセン病は、「癩菌」に感染することで起こる病気であり、現在の日本の衛生状態や医療状況、生活環境を考えると癩菌に感染してもハンセン病になることはほとんどないとされている。しかしながら、ハンセン病問題の歴史を振り返ると、1907（明治40）年に「癩予防ニ関スル件」という法律を制定して野外生活を営むハンセン病患者を隔離収容の対象として療養所に入所させて一般社会から隔離した。1931（昭和6）年には「癩予防法」が制定され、1953（昭和28）年には「癩予防法」を一部作り直した法律「らい予防法」が制定された。1996（平成8）年に「らい予防法の廃止に関する法律」が制定されるまで、ハンセン病

患者の隔離政策は89年間にわたって継続され、その間、患者や家族は偏見や差別の対象とされ、きわめて深刻な人生被害を受けてきた。

　現実の社会に目を向けると、ハンセン病問題だけではなく、原理に込められた願いや理想とする姿に反し、実現を阻んでいるさまざまな問題や障壁が存在している。ハンセン病問題が特殊な事例なのではなく、個人の尊厳を冒され、差別や偏見を受け、社会正義とは反する状態に置かれるような状況が日常生活場面に存在している。そのため、原理が実現できていない状況や阻害している事例、具体的な問題等の実態に関する情報をミクロ・メゾ・マクロの各レベルにわたって収集・分析し、グループやクラスでプレゼンテーションなどを行い、理解を深めることが必要である。

　そして、ソーシャルワーク実践の基盤やよりどころとなるソーシャルワーク専門職のグローバル定義や社会福祉士または精神保健福祉士の倫理綱領について、用語を「聞いたことがある、知っている」というレベルから、「具体例を示して説明できる」レベルまで発展させる必要がある。最終的には、「実際にできる」レベルに到達するよう学習を継続することが重要である。

■7 演習4 ——人間の多様性

　ある地域で災害が発生し、避難所を開設したところ、次の人たちが利用することになった。施設運営の担当者として、何に留意して環境整備を進めるか考えてみよう。

・人数20人（日本国籍15人、外国籍5人：アメリカ、インド、中国、ドイツ、ブラジル）

【性別の内訳】

・男性8人（児童・生徒3人、成人5人）、女性9人（児童・生徒2人、成人7人）、性的少数者3人（児童・生徒1人、成人男性1人、成人女性1人）

【その他の情報】

・小学生2人、中学生2人、高校生1人、大学生1人

・高齢者3人（補聴器利用1人、車いす利用1人）

・精神障害者1人

・発達障害児1人

・妊婦1人

---

❶ 避難者の状況を把握するため、どのような情報を収集する必要があるか考えてみよう。

❷ 避難者の情報を収集するにあたり、何に気をつける必要があるか考えてみよう。

❸ 避難所で生活を送るにあたり、どのようなルールが必要になるか考えてみよう。

❹ 災害が発生した際、円滑な避難や避難所等での生活を送るため、日頃から取り組むことについてミクロ・メゾ・マクロレベルの観点から考えてみよう。

■8 演習4の解説

演習4は、社会の縮図として、限られた空間・場所を設定している。個人の尊厳と多様性を尊重し、偏見や差別意識にとらわれずに、さまざまな立場にある人々が自分らしく、多様な生き方を選択できるようにするための実践を考えるものである。

ソーシャルワーク専門職のグローバル定義の原理の一つとして示された「多様性尊重（respect for diversity）」は、多文化共生の実現を目指すソーシャルワークにおいて重要視されている。さらに、社会正義や人権等の原理に基づく専門職倫理や価値基準が明記されていることから、価値基準・知識・技術の総体としてその専門性を発揮することが求められている。また、ソーシャルワーク専門職のグローバル定義の見直しに際し、特に日本において強調すべき点として「ソーシャルワーク専門職のグローバル定義の日本における展開」を採択し、そのなかで、「ソーシャルワークは、差別や抑圧の歴史を認識し、多様な文化を尊重した実践を展開しながら、平和を希求する」「ソーシャルワークは、人権を尊重し、年齢、性、障がいの有無、宗教、国籍等にかかわらず、生活課題を有する人々がつながりを実感できる社会への変革と社会的包摂の実現に向けて関連する人々や組織と協働する」と指摘されていることを理解しておかなければならない。

また、アメリカでは、ソーシャルワーク教育評議会の『学士および修士課程でのソーシャルワークプログラムの教育政策と認証基準』（Council on Social Work Education 2015）において、教育機関で習得すべきコンピテンシーの一つに「実践において多様性と相違に対応する」ことが位置づけられており、ソーシャルワーカーは、多様性と差異が人間のアイデンティティや経験、人生への影響を理解する必要があ

り、具体的には、「多様性の次元は、年齢、階級、色、文化、障害と能力、民族、ジェンダー、ジェンダーの意識と表現、移民ステータス、配偶者の有無、政治的イデオロギー、人種、宗教／スピリチュアリティ、性別、性的指向、部族の主権の状態などを含む複数の要因の交差性として理解されている」こととしている。本演習においては、これらの項目を踏まえた情報収集と対応策の検討が求められる。

　さらに、世界に目を向けると、戦争・紛争、人身取引・人身売買、難民、児童労働、児童結婚、児童ポルノ、児童兵士、国籍・人種差別、性的少数者差別といった人間の生命や権利を侵す危険や不安および安全の欠如状態が存在している。これらは国家の枠組みを越えて解決しなければならない地球規模の課題（グローバルイシュー）であり、社会正義を原理とするソーシャルワーカーが課題として認識し、対応すべきことである。

　そのため、ソーシャルワーク専門職である社会福祉士および精神保健福祉士は、グローバリゼーションによる社会の多文化化や人間の多様性への認識を深めなければならない。そのうえで、人間の尊厳が尊重され、ウェルビーイングならびに自由で公正な社会の実現に向け、価値規範、知識、スキルを習得し、それらの要素をクライエントの状況に合わせて適切かつ総合的に発揮していくことが求められている。

◇**引用文献**
1 ）仲村優一『仲村優一社会福祉著作集第 6 巻 社会福祉教育・専門職論』旬報社，p.167，2002.
2 ）京極高宣『福祉専門職の展望 —— 福祉士法の成立と今後』全国社会福祉協議会，p.106，1987.
3 ）秋山智久『社会福祉研究選書 3 社会福祉専門職の研究』ミネルヴァ書房，p.89，2007.
4 ）日本国語大辞典第二版編集委員会・小学館国語辞典編集部編『日本国語大辞典 第13巻 第 2 版』小学館，p.1010，2002.
5 ）日本国語大辞典第二版編集委員会・小学館国語辞典編集部編『日本国語大辞典 第 9 巻 第 2 版』小学館，p.1062，2001.
6 ）National Association of Social Workers, 'Read the Code of Ethics' https://www.socialworkers.org/About/Ethics/Code-of-Ethics/Code-of-Ethics-English
7 ）川村隆彦『価値と倫理を根底に置いたソーシャルワーク演習』中央法規出版，p.68，2002.
8 ）Dolgoff, R., Harrington, D., et al., *Ethical Decisions for Social Work Practice*, Brooks / Cole Publising Company, 2011.
9 ）前出 6 ），pp.69-71
10）小学館『大辞泉』編集部編『大辞泉』小学館，1995.
11）松村明・三省堂編修所編『大辞林 第 3 版』三省堂，2006.
12）同上
13）新村出編『広辞苑 第 6 版』岩波書店，p.916，2008.

◇**参考文献**
・Dolgoff, R., Harrington, D., et al., *Ethical Decisions for Social Work Practice*, Brooks / Cole Publising Company, 2011.
・川村隆彦『価値と倫理を根底に置いたソーシャルワーク演習』中央法規出版，2002.
・社会福祉専門職団体協議会（社専協）国際委員会「IFSW（国際ソーシャルワーカー連盟）の『ソーシャルワークのグローバル定義』新しい定義案を考える10のポイント」 https://www.jacsw.or.jp/06_kokusai/IFSW/files/SW_teigi_kaitei.pdf
・Millerson, G., *The Qualifying Associations: A Study in Professionalization*, Routledge, 1964.
・Council on Social Work Education, 'Educational Policy and Accreditation Standards for Baccalaureate and Master's Social Work Programs', 2015. https://www.cswe.org/getattachment/Accreditation/Standards-and-Policies/2015-EPAS/2015EPASandGlossary.pdf.aspx

第3節 ソーシャルワークの機能と ソーシャルワーカーの役割

1 演習のねらいとポイント

1 演習のねらい

　ソーシャルワーカーは、専門職の価値に基づき、知識や技術を適切に活用して機能を遂行し、クライエントシステムからの求めや所属組織の割り当て（職務）によって決められた役目・任務を果たすことが求められる。我が国では、ソーシャルワーカーの勤務先・職場はある程度決まっており、そこで職務すなわち役割が規定（職務分掌）されている。そのため、職務を果たすために発揮する機能と理解するのが妥当である。

　機能とは、「ある物事に特性として備わっている働き」であり、役割とは、「それぞれに割り当てられた役目・任務」となる。専門職という観点からみると、コンピテンシー（行動特性）と表現することもできる。ソーシャルワークに当てはめて考えると、クライエントの問題解決や目的の達成に向けて、有している機能のなかから最も適したものを選択または組み合わせ、ソーシャルワーカーが専門職としてクライエントから求められる役目を果たすことといえる。機能と役割は切り離して考えるものではないことがわかる。

　本節では、ソーシャルワーカーが実際に発揮する機能や果たす役割について理解を深めることができるようにするため、コンピテンシー（pp.12-16参照）4の「『実践にもとづく調査』と『調査にもとづく実践』に取り組む」、5の「政策実践に関与する」、6の「個人、家族、グループ、組織、コミュニティと関わる」、7の「個人、家族、グループ、組織、コミュニティのアセスメントを行う」、8の「個人、家族、グループ、組織、コミュニティに介入する」、9の「個人、家族、グループ、組織、コミュニティへの実践を評価する」の習得をねらいとする。

2 演習のポイント

・代表的なソーシャルワークの機能に関する必要性や意義、具体的内容

を整理し、理解する。

・ソーシャルワーカーの役割について、具体的な事例を踏まえて整理し、理解する。

・ソーシャルワークの機能および役割とコンピテンシーとの関係について、具体的な事例を用いて理解する。

▷2 演習課題1
——ソーシャルワークの目標から捉えた機能の理解

ソーシャルワーカーは、自分が専門職としてどのような機能をもっているか、どのような働きをすることができるのかを理解しておく必要がある。ここでは、ソーシャルワークの目標に対して発揮されることが期待されるソーシャルワークの機能について理解を深めてほしい。

■1 演習1

表3-5 のソーシャルワーク機能と概要を読み、どのような場面でそれらの機能が発揮されるのかを具体的な事例を調べ、話しあってみよう。

■2 演習1の解説

ソーシャルワークは、クライエントシステムの複雑で多岐にわたる社会生活ニーズや課題に対して、クライエント自身の能力を高め、社会資源との調整や開発を行うことなどの過程を通して人々の社会生活問題を解決していく。

ソーシャルワークが対象とするクライエントは、個人だけではなく、家族、小集団、組織、施設、機関、近隣、コミュニティといった**マルチパーソンクライエントシステム**＊を念頭におき、それらの対象と問題の状況に合わせた機能を選択し、発揮できるようになることが求められる。また、対象とするレベルはミクロ・メゾ・マクロといった幅広い範囲を想定してソーシャルワーク機能をどのように発揮するのかを考えることが重要である。

■3 演習2

クライエントや場面が異なる八つの事例を踏まえ、ソーシャルワークの目標の観点からソーシャルワークの機能を発揮することによって、どのようにニーズを満たしたり問題解決したりするのかを考えてみよう。

★**マルチパーソンクライエントシステム**
援助の対象を複数の人で構成されるシステムとして捉えること。マルチパーソンクライエントシステムになり得るシステムとは、個人だけではなく、家族、小集団、組織、施設、機関、近隣、コミュニティなどがある。

表3-5 ソーシャルワーク機能と概要

機能	概要
側面的援助機能	問題を抱えるクライエントが自らの「強さ」(ストレングス)を見出し、その問題解決に向けてのクライエント自身による主体的な取り組みを促進する。
代弁機能	自らの希望や要求などを主張できずにその権利が侵害されている場合に、ソーシャルワーカーがクライエントやその家族を「弁護」し、訴えを「代弁」する。
直接処遇機能	入所施設などに所属するソーシャルワーカーが、相談援助業務を中心としながらも、施設内の利用者に対する保育や介護などの直接的な援助業務に携わりながら利用者の生活全体を支援する。
教育機能	ソーシャルワーカーがクライエントに必要な情報をわかりやすく提供したり、自立能力や人間関係の形成能力などの環境への対処能力を学習する場や機会を提供したりする。
保護機能	社会生活上の深刻な問題を抱え、生命の危機的状況にある人々に対して、法律や制度、専門的権威に裏づけられた介入により生命や生活の安全を確保し、保障する。
仲介機能	ソーシャルワーカーがクライエントの生活支援をする際、クライエントとそのニーズに応じた適切な社会資源との間を媒介し、結びつける。
調停機能	クライエントと家族、関係者、サービス提供者との間で意見の違いがあったり、組織や集団内あるいは地域住民相互の間に葛藤があったりする際、ソーシャルワーカーが合意形成を図るために介入する。
ケア(ケース)マネジメント機能	多様な問題やニーズを同時に抱えているクライエントや家族に対して、各種のサービスやインフォーマルなサポートなど、複数の必要な社会資源の包括的な利用を可能にする。
管理・運営機能	所属する組織や機関・施設の目的に沿った業務方針や業務計画の策定、サービスの内容の改善や質の維持・向上のためにソーシャルワーカーが管理・運営する。
スーパービジョン機能	一定の経験や知識を積んだソーシャルワーカーとして、適切なサービス提供を可能にする職員集団づくりや運営、ソーシャルワーカーの力量向上のための支援、ソーシャルワーカーに対する精神的な側面でのサポート。
ネットワーキング(連携)機能	地域の施設や機関、医療・保健・福祉など各種サービスや従事者、地域住民による組織やボランティア団体などのネットワークの構築とその有効な運用をソーシャルワーカーが促す。
代弁・社会変革機能	ソーシャルワーカーが特定の集団や団体、階層の訴えを代弁し、その権利を擁護するとともに、地域における社会資源の開発や制度・施策の変革・改善へと反映させていく。
組織化機能	ソーシャルワーカーが地域における住民の組織化や家族会などの当事者の会の形成を促す。
調査・計画機能	地域住民の福祉ニーズや地域におけるサービスの整備状況などを的確に把握し、まちづくりへの住民参加や必要なサービスの整備などを計画的に進める。

出典:日本社会福祉士会編『新 社会福祉援助の共通基盤 第2版 上』中央法規出版, pp.216-221, 2009. をもとに筆者作成

まず、各目標に対応する事例を読み、それぞれに設定した演習課題に取り組んでみよう。なお、演習2の解説は事例8のあとに掲載しているので、適宜確認してほしい。

ソーシャルワークの目標	事例の内容
❶クライエントの問題解決能力や環境への対処能力の強化	事例1：児童養護施設のソーシャルワーカー 事例2：地域包括支援センターのソーシャルワーカー 事例3：社会福祉協議会のソーシャルワーカー
❷クライエントと必要な社会資源との関係構築・調整	事例4：市役所の高齢福祉課のソーシャルワーカー 事例5：学校のソーシャルワーカー（スクールソーシャルワーカー） 事例6：NPO法人のソーシャルワーカー
❸機関や施設の効果的な運営や相互の連携の促進	事例7：特別養護老人ホームのソーシャルワーカー（施設長）
❹制度や施策の改善・発展、また社会全体の変革の促進	事例8：学校のソーシャルワーカー（スクールソーシャルワーカー）

❶目標1——クライエントの問題解決能力や環境への対処能力の強化

事例1

児童養護施設のソーシャルワーカー

児童養護施設で生活しているS君（小学6年生、男子）は、物静かであるが、年下の子の面倒をよくみている。中学校進学を控え、一番下の学年になること、先輩からのいじめ、友達関係、担当教員、試験などに不安を感じている。同級生の入所児童が教えてくれたが、S君はその不安を職員に直接伝えられないでいる。

❶　S君のストレングスを考えてみよう。
❷　S君の問題やニーズを考えてみよう。
❸　S君の支援目標を考えてみよう。
❹　設定した目標を達成するために、どのようなソーシャルワークの機能が必要になるか考えてみよう。

事例2

地域包括支援センターのソーシャルワーカー

　Tさん（75歳、男性）は妻と二人暮らしである。子どもは遠方に住んでいる。最近、妻の物忘れや気分の浮き沈みが激しく、そのせいかTさん自身も怒ってしまうなど対応に困っている。妻は病院に行くことを嫌がるため受診していない。Tさんは今後の生活に不安を感じている。

❶　Tさんのストレングスを考えてみよう。

❷　Tさんの問題やニーズを考えてみよう。

❸　Tさんの支援目標を考えてみよう。

❹　設定した目標を達成するために、どのようなソーシャルワークの機能が必要になるか考えてみよう。

事例3

社会福祉協議会のソーシャルワーカー

　Uさんは子ども食堂を運営するボランティアグループの代表者である。当初は創設のビジョンに共感してメンバーが集まったが、最近はメンバーが減り、運営にも支障が出てきている。また、興味本位で参加し、一方的に子どもから話を聞き出そうとする人がいるなど困っている。今後どのように運営すべきか悩んでいる。

❶　Uさんのストレングスを考えてみよう。

❷　Uさんのストレングス、弱み、機会、脅威についてSWOT分析を活用して考えてみよう。

❸　Uさんの支援目標を考えてみよう。

❹　設定した目標を達成するために、どのようなソーシャルワークの機能が必要になるか考えてみよう。

❷目標2──クライエントと必要な社会資源との関係構築・調整

事例4

市役所の高齢福祉課のソーシャルワーカー

　アパートで一人暮らしをしているVさん（70歳、女性）は、何度か小規模な火災を起こした。近隣住民は「心配で夜も眠れない。一人暮らしは危険なので、施設でお世話になったほうが本人も周りも安心だ」と行政に訴えてきた。社会福祉士が訪問したところ、Vさ

んは「近所の人は、私を追い出そうとしているが、死んだ夫と息子が建ててくれた家は捨てられない」と目に涙を溜めて話した。

❶　Ｖさんのストレングスと問題を考えてみよう。

❷　Ｖさんを支援するにあたり、活用可能と思われる社会資源（フォーマル、インフォーマル）を挙げてみよう。

❸　Ｖさんと周囲の人々との間で生じている葛藤や意見の食い違いについて、それぞれの立場から考えてみよう。

❹　社会資源をどのように組み合わせることで効果的な支援になるのかを考えてみよう。

❺　Ｖさんの支援目標を考えてみよう。

❻　設定した目標を達成するために、どのようなソーシャルワークの機能が必要になるか考えてみよう。

事例5

学校のソーシャルワーカー（スクールソーシャルワーカー）

　外国籍のＷさん（40歳、女性）と子ども（小学4年生、男子）は母子家庭であり、Ｗさんは就業しておらず経済的に厳しい。Ｗさんは日本語の理解が難しく、学校からの手紙の内容を理解できないため、子どもの学校行事や持ち物の準備ができない。同じ団地に住む日本人は、Ｗさんが挨拶をしてくれないことやごみの出し方を守らないなどの理由でかかわらないようにしている。Ｗさんは助けてほしい気持ちがあるが我慢している。

❶　Ｗさんのストレングスと問題を考えてみよう。

❷　Ｗさんを支援するにあたり、活用可能と思われる社会資源（フォーマル、インフォーマル）を挙げてみよう。

❸　Ｗさんと周囲の人々との間で生じている葛藤や意見の食い違いについて、それぞれの立場から考えてみよう。

❹　社会資源をどのように組み合わせることで効果的な支援になるのかを考えてみよう。

❺　Ｗさんの支援目標を考えてみよう。

❻　設定した目標を達成するために、どのようなソーシャルワークの機能が必要になるか考えてみよう。

事例6

NPO 法人のソーシャルワーカー

　中山間地域に住んでいる X さん（55 歳、男性）は、建設現場での作業中の事故により高次脳機能障害となった。事故後は近隣住民との間にトラブルが絶えないようになり、近所付き合いがなくなっていった。大雪の季節を迎え、屋根の雪下ろしや家の周りの雪かきが必要になったが、誰にも協力を求めずに不安な毎日を過ごしている。

❶　X さんのストレングスと問題を考えてみよう。

❷　X さんを支援するにあたり、活用可能と思われる社会資源（フォーマル、インフォーマル）を挙げてみよう。

❸　X さんと周囲の人々との間で生じている葛藤や対立の原因や状況について、それぞれの立場から考えてみよう。

❹　社会資源をどのように組み合わせることで効果的な支援になるのかを考えてみよう。

❺　X さんの支援目標を考えてみよう。

❻　設定した目標を達成するために、どのようなソーシャルワークの機能が必要になるか考えてみよう。

❸目標 3 ——機関や施設の効果的な運営や相互の連携の促進

事例7

特別養護老人ホームのソーシャルワーカー（施設長）

　施設では、災害時における利用者の支援や近隣住民との協力のあり方が課題となっていた。地域の特徴として、海抜が低いこと、高層階の建物が少ないことが挙げられる。災害時は、近隣住民にとっても重要な施設になると Y 施設長は考え、予防的な取り組みとして何ができるのかを職員みんなで一緒に検討することとした。

❶　災害を想定した事前の準備（予防的な取り組み）として行うべきことを考えてみよう。

❷　災害時に、施設が地域住民や地域に対してどのような協力や貢献ができるのか考えてみよう。

❸　災害時・災害前後の施設環境の整備と職員の力量向上について、ソーシャルワーカーである施設長がほかの職員に対してどのような助言ができるか考えてみよう。

❹　活用可能と思われる社会資源（フォーマル、インフォーマル）を挙

げ、連携・協力の方法を考えてみよう。

❺　支援目標を考えてみよう。

❻　設定した目標を達成するために、どのようなソーシャルワークの機能が必要になるか考えてみよう。

❹目標４──制度や施策の改善・発展、また社会全体の変革の促進

事例 8

学校のソーシャルワーカー（スクールソーシャルワーカー）

　日本では小・中学校に通っていない「不就学」の可能性のある外国籍の子どもの数は約２万人となっている（文部科学省「外国人の子供の就学状況等調査結果（確定値）」2020.）。外国籍の子どもの就学は法律上の義務ではなく、自治体の判断に委ねられているため、多くの子どもが教育を受けられないままになっている。いくつかの自治体から先進的な取り組みの事例が出てきているが、一般化しているとはいえない状況である。

❶　不就学の子どもが存在している理由や背景を調べてみよう。

❷　子ども、子どもの親（外国籍）、自治体のそれぞれの立場に立ち、就学できないことや不就学問題に対する気持ちを考えてみよう。

❸　当事者の意見や現状を把握し、それを社会に発信するための方法を考えてみよう。

❹　不就学の子どもの現状を把握するために行われてきた調査方法やその結果を調べてみよう。

❺　支援目標を考えてみよう。

❻　設定した目標を達成するために、どのようなソーシャルワークの機能が必要になるか考えてみよう。

4　演習 2 の解説──ソーシャルワーカーが発揮する主な機能

　ソーシャルワークの目標を達成するという観点から、各事例において発揮することが求められるソーシャルワーク機能を整理した。

❶目標１──事例１の解説

　マルチパーソンクライエントシステムのうち、主に個人を想定した事例である。ここでは、主に三つの機能を発揮することにより、Ｓ君個人の状況とＳ君を取り巻く人的・社会的環境を把握し、それらを活用した支援の展開が考えられる（**表 3-6**）。

表3-6　事例 1 において求められるソーシャルワーク機能の例

側面的援助機能	S 君のストレングスを見つけ、それを S 君自身が気づき、活かせるようにするための支援を行う。
代弁機能	不安や考えていることを表現することを手助けし、一つひとつ順序立てて解決できるように整理する。
教育機能	中学校での試験や部活などの仕組み、勉強方法などの情報を提供し、中学生や高校生などの入所児童から話を聞く機会を設ける。

❷目標 1 ——事例 2 の解説

　マルチパーソンクライエントシステムのうち、個人と家族を想定した事例である。ここでは、主に四つの機能を発揮することにより、介護が必要な妻に対する適切な介護サービスの提供と養護者である T さんに対する支援の展開が考えられる（**表 3-7**）。

❸目標 1 ——事例 3 の解説

　マルチパーソンクライエントシステムのうち、個人および組織を想定した事例である。ここでは、主に二つの機能を発揮することにより、事業の創設者としての理想や使命感など個人的側面を受けとめ、支援を展開する（**表 3-8**）。同時に、組織の運営管理に必要となる情報提供や支援を行うことが考えられる。

❹目標 2 ——事例 4 の解説

　マルチパーソンクライエントシステムのうち、個人、家族、近隣を想

表3-7　事例 2 において求められるソーシャルワーク機能の例

側面的援助機能	T さんのストレングスを見つけ、それを T さん自身が気づき、活かせるようにするための支援を行う。
代弁機能	不安や怒りの感情を受容、共感し、考えていることを表現することを手助けし、一つひとつ順序立てて解決できるように整理する。
教育機能	認知症や介護保険制度、レスパイトケア、ストレスの軽減、介護者の会などに関する情報を提供する。
保護機能	介護の不安の解消、レスパイトケア、孤立を防ぐための支援を行う。

表3-8　事例 3 において求められるソーシャルワーク機能の例

側面的援助機能	U さんのストレングスを見つけ、それを U さん自身が気づき、活かせるようにするための支援を行う。SWOT 分析を行い、ボランティアグループのストレングスや機会を見つけ、活用方法を検討する。
教育機能	SWOT 分析などを一緒に行い、ストレングス・弱み・機会・脅威といった多角的な側面から現状を把握し、解決に向けた計画を立案する。活用可能な社会資源の情報を提供する。

★ **SWOT 分析**
外部環境や内部環境をストレングス（Strengths）、弱み（Weaknesses）、機会（Opportunities）、脅威（Threats）の四つのカテゴリーで要因分析し、事業環境変化に対応した最適な資源の活用を検討する。

定した事例である。ここでは、主に三つの機能を発揮することにより、Vさん個人の生活支援とVさんを取り巻く環境との不調和の解消を進める（**表3-9**）。

❺目標2──事例5の解説

マルチパーソンクライエントシステムのうち、個人、家族、組織、機関（学校）、近隣を想定した事例である。ここでは、主に三つの機能を発揮することにより、Wさんへの支援を展開することが考えられる（**表3-10**）。

❻目標2──事例6の解説

マルチパーソンクライエントシステムのうち、個人、近隣、コミュニティを想定した事例である。ここでは、主に三つの機能を発揮することにより、Xさんへの支援を展開することが考えられる（**表3-11**）。

❼目標3──事例7の解説

マルチパーソンクライエントシステムのうち、組織、施設、機関、近隣、コミュニティを想定した事例である。ここでは、主に四つの機能を発揮することにより、社会福祉法人としての地域貢献を視野に入れた災害発生を想定した事前準備や発災後の対応等の検討につなげる（**表3-12**）。

表3-9　事例4において求められるソーシャルワーク機能の例

ケア（ケース）マネジメント機能	バイオ・サイコ・ソーシャルモデルに基づいてVさんの状況を把握し、フォーマル、インフォーマルな社会資源を結びつけ、本人の想いや希望に沿った支援のマネジメントを行う。
仲介機能	Vさんの問題やニーズに応じた適切な社会資源を発見し、Vさんと発見した社会資源との間を媒介し結びつける。
調停機能	近隣住民との間で生じている葛藤や対立を解消するため、コンフリクト・リゾリューション（コンフリクト・マネジメント）を活用した支援を行う。

表3-10　事例5において求められるソーシャルワーク機能の例

ケア（ケース）マネジメント機能	バイオ・サイコ・ソーシャルモデルに基づいてWさんの状況を把握し、フォーマル、インフォーマルな社会資源を結びつけ、本人の想いや希望に沿った支援のマネジメントを行う。
仲介機能	Wさんの経済的な問題、食事・栄養の問題、就労の問題、社会保険の手続きの問題などの解決に向け、適切な社会資源を発見しWさんと結びつける。
調停機能	Wさんと子どもの間で生じているコンフリクトの解消、ならびにWさんと近隣住民との間で生じている葛藤や対立を解消するため、コンフリクト・リゾリューション（コンフリクト・マネジメント）を活用した支援を行う。

表3-11　事例6において求められるソーシャルワーク機能の例

ケア（ケース）マネジメント機能	バイオ・サイコ・ソーシャルモデルに基づいてXさんの状況を把握し、フォーマル、インフォーマルな社会資源を結びつけ、本人の想いや希望に沿った支援のマネジメントを行う。
仲介機能	Xさんの身体的な問題、就労の問題、近隣住民との人間関係の問題、雪下ろしといった生活問題などの解決に必要となる社会資源を発見しXさんと結びつける。
調停機能	Xさんと近隣住民との間で生じている葛藤や対立を解消するため、コンフリクト・リゾリューション（コンフリクト・マネジメント）を活用した支援を行う。

表3-12　事例7において求められるソーシャルワーク機能の例

教育機能	SWOT分析などを一緒に行い、ストレングス・弱み・機会・脅威といった多角的な側面から現状を把握し、災害支援に向けた計画を立案する。
管理・運営機能	社会福祉法人の趣旨・目的に則り、利用者の生命や生活を守り、地域貢献として地域住民の施設利用の方法を含めた施設のあり方、職員の業務分担や役割等について検討する。
スーパービジョン機能	災害ソーシャルワークの観点から職員の役割や組織体制の整備などについてスーパービジョンを行い、職員の力量を向上するための支援を展開する。
ネットワーキング（連携）機能	把握した社会資源を踏まえ、それぞれのステークホルダーとの協力・連携方法を検討し、ネットワークの構築やグループづくり、予防的な取り組みとして一緒に地域アセスメントや避難訓練などを企画する。

❽目標4 —— 事例8の解説

　マルチパーソンクライエントシステムのうち、家族、近隣、コミュニティ、自治体（市、都道府県、国）を想定した事例である。ここでは、主に三つの機能を発揮することにより、外国籍の子どもの不就学問題の解決に向けた検討につなげていく（**表3-13**）。

表3-13　事例8において求められるソーシャルワーク機能の例

代弁・社会変革機能	不就学となっている子どもや親の意見や考えを聴き、それらを整理して社会に発信することが求められる。
組織化機能	十分な支援が行われていない状況のなかで、孤立している子どもや親、世帯がある可能性がある。一方で、それらの人々を支援している行政や団体などもある。これらの人々を組織化して子どもの教育の権利を保障する仕組みづくりにつなげていくことが考えられる。
調査・計画機能	不就学の子どもや親の生活状況、不就学の理由や背景などを把握し、正確な情報を踏まえ、ミクロ・メゾ・マクロレベルに該当するステークホルダーが参画し、具体的な改善策や計画を提案することが求められる。

以上、ソーシャルワークが取り組む目標に対して発揮することが求められるソーシャルワークの機能について確認した。なお、ここで挙げた機能だけでなく、ほかの機能を発揮することも十分考えられる。ソーシャルワーカーは、多様なクライエントの生活課題の解決やニーズの充足等を目標として、ソーシャルワークを展開することになる。生活上の問題や社会における福祉課題に対して、単独の機能を発揮することで解決することもあれば、複数の機能を組み合わせることで解決する場合もある。通常は、時間の変化とともにクライエントシステムの状況も変化するため、それらの変化に合わせて機能を発揮することになる。

3 演習課題2
──ソーシャルワーカーの役割の理解

1 演習──ソーシャルワーカーの役割

ミクロ・メゾ・マクロによるソーシャルワーカーの役割について、具体的な場面を考えてみよう。

❶ 表3-14のソーシャルワーカーの主な役割を読んでみよう。

❷ 演習課題1で記載している事例1～8をあらためて確認し、各事例において求められる役割と具体的なソーシャルワーカーの実践を考え、話しあってみよう。

ソーシャルワーカーが役割を果たすために活用する具体的なソーシャルワークのスキルについては、第4章～第6章で詳しく学習するため、本節では、「機能」と「役割」の用語の意味と両者の関係性を理解し、実践できる能力を習得することを目的とする。なお、機能と役割は、さまざまな対象（マルチパーソンクライエントシステム）およびレベル（ミクロ・メゾ・マクロ）において発揮されることになるため、すべてのコンピテンシーに関係している。

表3-14　各レベルにおけるソーシャルワーカーの主な役割

役割	概要	レベル		
		ミクロ	メゾ	マクロ
仲介者 （ブローカー）	クライエントと必要な資源を結びつける役割	○	○	
力を添える者 （イネーブラー）	クライエントを支援、励ます等を行うことによって問題解決できるようにする役割	○		
媒介者 （メディエーター）	クライエントとシステムとの間の葛藤を解決し、譲歩のもとで同意を得る役割	○	○	
教育者 （エデュケーター）	クライエントに情報を伝える役割	○	○	
評価者 （エヴァリュエーター）	実践の効果を評価する役割	○		
ケースマネージャー （コーディネーター）	複数の問題をもっているクライエントに対して、資源を見つけて提供したり、モニタリングしたりする役割	○		
弁護者 （アドボケーター）	クライエントが力をつける目標に向け、クライエントの利益を考慮した働きかけをする役割	○		○
促進者 （ファシリテーター）	他者に指示したり方向を導き出したりする役割		○	
先導者 （イニシエーター）	ある課題に人々の関心を向かせる役割			○
交渉者 （ネゴシエーター）	問題解決のための最良の方法を導くため、関係者と話し合いを行う役割			○
公報者 （スポークスマン）	他者に公式の考えや立場を公表する役割			○
組織者 （オーガナイザー）	定められた機能を求めて個人や集団をまとめる役割			○
コンサルタント	助言や指示を行う役割			○

出典：日本社会福祉士会編『新 社会福祉援助の共通基盤 第2版 上』中央法規出版, 2009. をもとに筆者作成

■2 解説

　ソーシャルワーカーの役割は、研究者や論者によって異なるが、おおむね**表3-14**の役割が主要なものとなる。これらの役割はミクロ・メゾ・マクロの各レベルにおいて果たすことになる。そして、役割ごとに必要となる知識やスキルが異なる。

　ソーシャルワーカーは、人と環境の交互作用や両者の間の不調和に介入し、個人のウェルビーイングと公正な社会の実現を目指して実践する専門職である。したがって、社会がソーシャルワーカーに求める役割はそのときの社会情勢や変化の影響を受けて変化する。

　近年では、特に、地域共生社会の実現に向けてその役割を果たすことが求められている。また、ソーシャルワーカーが雇用されている組織、

機関、団体等の各種取り決め（雇用契約、就業規則、職務分掌、事業内容等）によって規定される。独立型社会福祉士事務所など事業主としての活動をしている場合は、サービスや事業内容、契約内容等によって決まってくる。

　ソーシャルワーカーが勤務する施設や職場は多岐にわたり、職種や職名もさまざまであるため、その実態が把握しにくいという事情がある。一言でソーシャルワークの機能または役割といっても、上記の理由や事情により国民の理解が得られにくい状況である。ソーシャルワーカーは、自らの専門性をクライエントのウェルビーイングの実現ならびにニーズの充足や問題解決のために活用することが重要である。そのためには、クライエントだけでなく、社会に対しても十分に説明し、理解してもらうことも重要である。そのような説明責任を果たすためにも、ソーシャルワークの機能および役割を理解しておくことが求められる。

◇参考文献
・L. C. ジョンソン・S. J. ヤンカ，山辺朗子・岩間伸之訳『ジェネラリスト・ソーシャルワーク』ミネルヴァ書房，2004.
・日本社会福祉士会編『新 社会福祉援助の共通基盤 第 2 版 上』中央法規出版，2009.

第4章

コミュニケーション技術と面接技術

　ソーシャルワークは、クライエントとソーシャルワーカーとの相互作用の過程で実践されるものであり、コミュニケーションはソーシャルワーカーが専門職としてクライエントと援助関係を築き、かかわる際に重要な技術となる。多様なクライエントの状況や特徴に合わせた適切なコミュニケーションがクライエントとの信頼関係の形成に影響を与える。そして、面接は、クライエントとソーシャルワーカーのコミュニケーションが展開される場であり、当事者自身によって問題が語られるという点において特別重要な意味をもつ。ソーシャルワーカーは、面接を通じてクライエントとの相互交流を深めることができる。具体的なクライエントと場面を想定し、実際に活用するイメージをもつことができるよう演習に取り組んでほしい。

第1節 コミュニケーション技術

1 演習のねらいとポイント

1 演習のねらい

　コミュニケーションは、人が他者とかかわるための重要な手段である。一方通行ではなく、双方向に情報を伝達することで情報を共有し、関係形成を図る。ソーシャルワーカーとしてクライエントを理解、支援するためにもコミュニケーション技術は必須である。

　本節では、いくつかの演習を通して、安心できるかかわりを構築するための温かなコミュニケーション、多様な文化ごとのコミュニケーションの差異、またコミュニケーションをとる際の環境づくり、言語的・非言語的コミュニケーションを用いた基本的なかかわりなどを実践する。

　それらの演習を通して、コンピテンシー（pp.12-16参照）1の「倫理的かつ専門職としての行動がとれる」、2の「実践において多様性と相違に対応する」、6の「個人、家族、グループ、組織、コミュニティと関わる」を身につけることをねらいとする。

2 演習のポイント

・ソーシャルワーカーの基本的なクライエントとのかかわり技術、コミュニケーションについて理解し、その技術を習得する。
・基本的な言語的技術、非言語的技術（表情、態度、身振り、位置取り等）などについて演習で体験し、習得につなげる。

2 ソーシャルワークにおけるクライエントとの基本的かかわりの特質

　ソーシャルワークにおける働きかけは、技術やスキルとして「独立」して活用されるものではない。クライエントの存在ならびにクライエントが抱えている課題や直面している問題への関心等にかかわるソーシャ

ルワークの価値等が働きかけの根底を成す。そして、コミュニケーションを通して援助の目的を意識して意図的に技術を活用するものであることも多くの研究者が言及している。たとえば、岩間は、著述のなかで、「相談面接技術とはあくまで援助の目的のための手段（道具）である[1]」、「面談スキル（skills）の集合である相談面接技法の活用に『価値』が反映されてはじめて『相談面接技術』となるということである[2]」と述べている。加えて窪田は、「面接のスキルとしてのコミュニケーション」について述べているなかで心がけるべきことは、「相手の人格を尊重して、わかりやすい、率直でかつ礼儀正しい表現を真摯に用いるという態度を保持すること、そのために互いに用いる言葉の隅々にまで心を配るという姿勢である[3]」と提示している。ここでは日常のかかわりをソーシャルワークにおける基本的な態度という視点から確認する。

1 演習課題 1

　日常において、「受け容れられた」「安心できる」「温かい」と感じられるコミュニケーション、また、相手にもそのように受けとめられるコミュニケーションを考え、実践してみよう。

●作業

❶ 「表情」「態度」「言葉がけ」について、日頃の他者とのかかわりで「受け容れられた」「安心できる」「温かい」と感じたものを書き出し、共有する。
　① 個人で考えたものを書き出す。
　② 4人程度のグループをつくり、①で書き出したものについて意見を出しあう。
　③ 共有し、気づいたことをまとめる。

❷ ❶で出しあった意見のなかで「表情」「態度」にかかわるものを選び、日常のちょっとした挨拶場面を設定して、2人1組になってお互いに2分ずつ実践する。
　① 机を挟んで向かいあって座り、意図的な「表情」「態度」を投げかける役、受けとめる役を決める。
　② 投げかけ役が❶で検討した「受け容れられた」「安心できる」「温かい」と感じられる「表情」「態度」で挨拶をする。
　③ 投げかけ役、受けとめ役を交代して実践する。
　④ 自分自身がどのように感じたか、さらに相手の表情を読み、どのように感じているか予測し、書き出す。
　⑤ 投げかけ役、受けとめ役、それぞれの気づきを共有する。

⑥　⑤から、「表情」「態度」を意図的に行うことについて、気づいた
　ことを書き出す。

▎2 演習課題2

　文化、立場、場面によるコミュニケーションの違い、捉え方、評価の
違いを確認し、かかわる際の留意点を考えてみよう。

●作業
❶　地域、世代、国、人種、宗教等の違いによってコミュニケーション
　方法にどのような違いがあるのかを本やインターネットなどを用いて
　調べる。
　①　コミュニケーションをする相手への「挨拶」「他者に対する行為」
　　「態度」等について留意点を確認する。
　②　自己学習で確認できた内容を書き出す。
❷　少人数のグループで多様な文化等へのコミュニケーションへの配
　慮、具体的には「挨拶」「表情」「相手に対する動作」「言葉遣い」な
　どについて確認し、共有する。
❸　グループで共有したことをまとめる。そして、「文化」の多様性と
　それを踏まえたかかわりの留意点について検討、考察し、書き出す。

▎3 解説

　日常生活での何気ないかかわりと、ソーシャルワークを行うなかでの
コミュニケーションは、言動が重なることがある。演習課題1では、
日常的に行っている他者への投げかけを意図的な「表情」「態度」「言葉
がけ」で発信・受信することを意識しながら実践した。
　コーノイヤー（Cournoyer, B. R.）は、ソーシャルワークの技術、
コンピテンシーの提示と習得を目指したワークブックのなかで、「話す
ことと聞くこと」の基本的対人技術を提示している[4]。そして、ソーシャ
ルワーカーとクライエントのかかわりについて、専門職としての価値を
基盤に踏まえた多様性の尊重や共感的かかわりであるとともに、日常生
活においても取り入れられていることに言及している。そのうえで、か
かわりの行為や相互作用においてクライエントが安心でき、尊重されて
いると感じられるかかわり、非言語的コミュニケーションにも関心を払
う必要があることを指摘している。
　さらにソーシャルワーカーが安心や安全を感じられる行為等につい
て、自覚できることもねらいとして演習を提示している。これらのコ

ミュニケーションには、人それぞれに表現の違いがあることをソーシャルワーカーは受けとめ、自身も自ら発しているコミュニケーションに自覚的になることを勧めている。

　ソーシャルワークにおいて、援助過程の最初の段階でソーシャルワーカーがクライエントから「信頼できる」と感じてもらえるかどうかがその後の展開に影響を及ぼす。そして、すべての段階において、信頼関係の形成は援助の基盤となる。

　信頼関係の形成は、ソーシャルワーカー側からの一方的なコミュニケーションのみがクライエントによって評価されるわけではない。クライエントがソーシャルワーカーにどのように受けとめられたと感じたか、クライエントが発したコミュニケーションへの対応がどのようであったか、ということもソーシャルワーカーの評価に影響することを意識する必要がある。

　演習課題 1 では、どのような環境、状況のもとでも専門職として相手の存在を認め、受容し、共感されていると感じられる基本的かかわりについて実践し、演習課題 2 では、文化等によるコミュニケーションの違い、捉え方、評価の違いを確認した。

　たとえば「表情」は、一般的には感情を表すものとされており、援助関係におけるコミュニケーションの発信にも受信にも相手の状態を読みとる重要な役割を果たす。具体的には、眉や目、鼻、口等の動きにより感情が読みとられている。発信する者は自身の表情を意識していないこともあるが、意図して抑制したり、大げさにしたりすることもできる。そして、表情の読みとりがクライエント理解の材料になることが少なからずある。

　ただし、表情や態度は発信する者が属する文化や社会、環境、状況によって異なり、一つの表情が普遍的な一つの意味として解釈されるわけではないことに留意する必要がある。

　個人や家族、組織、コミュニティとのかかわりをもつときに、相手の個別性、多様性を意識することは大切である。初めて出会った際、また、かかわりをスタートさせる際に、表情、態度等の投げかけあいを丁寧に意識することは、専門職として関係の形成や継続、活用につながる。

1 コミュニケーションの構造

　ソーシャルワークでは、クライエントとのコミュニケーションというやりとりのなかで、クライエントとソーシャルワーカーとの相互作用が起こる。その際に、クライエントにソーシャルワーカーのどのような態度が、どのように伝わるか、という点について注意を要することがある。

❶演習課題

❶　白紙（Ａ４）を用意し、下記の指示に従って絵を描いてみよう（質問は受けない）。

【指示例】
① 　Ａ４の用紙に、以下の言葉に従って絵を描いてください。
② 　空には太陽と雲があります。
③ 　空の下に木があります。
④ 　その木の近くに家があります。
⑤ 　その家の周りに花が咲いています。
⑥ 　そこに人と犬がいます。
⑦ 　ここまで書き終わったら絵を描くことを終了してください。

---

❷　❶で描いた絵をグループで見せあい、指示から受けとったメッセージや表現したことを共有しよう。

❸　同じ指示に従って描かれた絵の違いを見て、コミュニケーションについて、気づいたことを話し合い、確認する。

❷解説

　本演習課題は、同じ言葉をもとに個々のメンバーが描いた絵の異同を共有することで、コミュニケーションの発信と受信の結果を確認するものである。同じ言葉を投げかけられて、どこをとってもまったく同じ絵になっただろうか。

　コミュニケーションは、自分が考えたことや感情、情報等を何らかの方法で相手に伝え、それを相手が受け取ることである。これは、日常的にさまざまな場面や状況で行われていることである。たとえば辞書では、コミュニケーションは「①社会生活を営む人間の間で行う知覚・感情・思考の伝達。言語・記号その他視覚・聴覚に訴える各種のものを媒

介とする、②動物個体間での、身振りや音声・匂いなどによる情報の伝達、③細胞間の物質の伝達または移動。細胞間コミュニケーション」と示されている[5]。

　コミュニケーションの仕組みは、一見ごく一般的で、単純なやりとりに捉えられるが、その一つひとつの伝達のプロセスは、伝達をする側と受ける側の個別性や個々の場面の状況、環境などさまざまな要素によって成り立っているといえる。

　以下の津村らの提示しているコミュニケーションのプロセスの構造は、その詳細を説明している[6]（図4-1）。

　コミュニケーションをスタートさせる人を発信者、発信者のコミュニケーションの内容を受け取る人を受信者とすると、そのプロセスは、❶記号化、❷送信、❸受信、❹解読の四つのステップとして捉えられる。

　発信者の発信内容を、受信者は自身のうちにあるこれまでの経験、知識、価値観、自身の特性を参照し、それを踏まえて解読し、意味を捉える。

　コミュニケーションには発信された記号（言語、身振り、書かれた文字、音声等）を捉え、発信者から受け渡された内容を共有することが必要である。そして、そのプロセスで参照される個々の内的な経験や知識、価値観等の材料やそれらの解釈が異なると、一つの表現のもとに異なる意味合いで受け取られる可能性がある。それぞれの立場におけるコミュニケーションの障害が生じる可能性をもっている。

　ソーシャルワーカーにとって、支援には、コミュニケーションが欠かせないものである。そして、クライエントを理解したり、ソーシャルワーカーが伝えたいことを伝達したりする際には、コミュニケーションに影響しないよう、相手の個別性や多様性を踏まえた伝え方を工夫する

図4-1　コミュニケーション・モデル

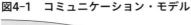

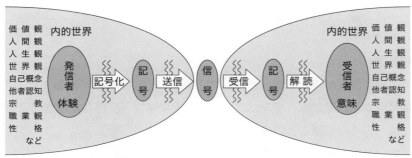

出典：南山短期大学人間関係科監，津村俊充・山口真人編『人間関係トレーニング──私を育てる教育への人間学的アプローチ 第 2 版』ナカニシヤ出版，p.80，2005.

必要がある。また、解釈された意味の確認を意図的に行うことも重要である。

2 言語、非言語でなされるコミュニケーション

❶演習課題

非言語的コミュニケーションを安心して受けとめられる環境を体験しよう[7]。

作業

❶　2人1組になる。それぞれをAとBの立場とする。

❷　お互いが約1m半離れて対面で立ち、AがBに顔を向け、表情を変えずに、少しずつ近づいては止まり、近づいては止まりを繰り返す。Aが不快と思う位置となったら終える。近づいていく位置ごとにAはBの表情、態度を観察する。

❸　❷をAとBの立場を交代して行う。

❹　止まった位置やお互いの相手の表情への気づきと自身が感じていたことを共有し、気づいたことを書き出してまとめる。

❺　2人それぞれがいすを持ち、以下の①～④の位置で1分ほど言葉を交わす。位置ごとにお互いの表情や態度、自身の感じていることを確認する。

　　①　対面で机を挟まずに約1m、50cm、膝がつきそうな距離と、間隔を変えるように移動して着席する。

　　②　机を挟んで直角の位置に着席する。

　　③　机を挟んで対面の位置に着席する。

　　④　1人がいすに着席し、その後ろに1人が立ち、顔は合わせない位置となるように2人とも前方を向く。それぞれの位置を交代して体験する。

❻　お互いの位置関係やその位置での相手の表情によって感じたこと、考えたことを共有したうえで、非言語的コミュニケーションについて考察をする。

❷解説

本演習課題では、まず、他者とコミュニケーションをとる際の位置関係に関する課題に取り組んだ。さらに、面接場面等を模した位置関係を体験し、その位置ごとの受けとめ方の違いを体験した。

岩間は相談面接で「態度・姿勢と距離・角度を適切に保つ」ことを専門技術として提示している[8]。

　個人には、他者に近づかれることで不快感を覚える一定の空間がある。この空間を、**パーソナルスペース、対人距離**などという。これらの捉え方によると、他者との区間距離の捉え方は個別性があり、同じ距離にいても、その対象や状況次第で感じ方が変わるといわれている。クライエントが安心してかかわり、ストレスにならない状況をつくる工夫は対人援助において必要なことといえる。

　面接場面では、顔を向かい合わせることで、脅威や圧迫感等を感じるクライエントもいる。自然に視線を交わせるが、圧迫感を感じず、クライエントが安心してコミュニケーションできる状況をつくることも必要である。

■3 援助関係の基盤となるコミュニケーションの実践

❶演習課題

　援助関係の基礎となる基本的な言語的、非言語的コミュニケーションを統合して傾聴しよう。

作業

❶　3人1組のグループをつくる。

❷　この人に「話したい」「話を聞いてもらいたい」と思われる態度、言葉の特徴、具体例を出しあう（5分程度）。

❸　聞き手、話し手、観察者の役を決める。❷を踏まえて、下記のテーマ例について聞き手は話し手が話しやすい言語的、非言語的コミュニケーションを用いて傾聴する（3分程度）。

　　テーマ例：「昨日の昼食について」「人から助けられた体験」等

❹　聞き手、話し手、観察者のそれぞれの立場からみた感想と「傾聴」にかかわる言語的、非言語的コミュニケーションへの気づきを振り返り、共有する。

❺　役割を交代して、❸を行い、振り返りと共有を重ねる。

❻　グループのメンバーそれぞれがすべての役割を体験し、振り返りを終えたら、本演習課題を通して、傾聴に必要なコミュニケーションについて考察し、共有する。

❷解説

　コミュニケーションは、媒体によって大きく二つに分類されている。

---

i　パーソナルスペースや個人空間等の詳細については文化人類学者のホール（Hall, E. T.）らの研究や、建築学領域、社会学領域、心理学領域、情報処理など多領域にわたる研究成果がある。

一つ目は言語的コミュニケーションであり、言葉（単語や文章）で表現される。二つ目は非言語的コミュニケーションである。非言語的コミュニケーションは、有声で非言語的なもの、たとえば、音調等で表現されるものと、無声で非言語的なもの、たとえば、身振りその他の身体言語（表情・視線・動作・身体空間を含む）で表現されるものがある。

　面接において交わされる基本的なコミュニケーションそのものは面接の場面のみで使われるものではない。言うなれば、ソーシャルワークにおいては、それらの日常的にもある行為を意図的に活用していくことと、捉えられる。しかし、ソーシャルワークにおけるクライエントとソーシャルワーカーの関係では、やりとりされるコミュニケーションは意図的に交わされることやその言動の選択について説明がつくものであることが求められる。

　カウンセリングにおいてアイビイ（Ivey, A. E.）が体系化した「マイクロカウンセリング技法」はソーシャルワーク援助の技術を諸々の技法、理論を吟味し、実際的な検討を経て、効果のある「意図的な」面接技法として提示している[9]。

　ここでは「マイクロカウンセリング技法」で示されている「基本的かかわり技法」の前提となる「かかわり行動」の要素と要点を確認し、ソーシャルワークに重なるかかわりの要点を提示する[10]。

「かかわり行動」の内容と留意点

　目的をもった援助の土台となる部分に着目し、具体的に実践される「かかわり行動」を表4-1にまとめ、確認することとする。

　前述しているように、「かかわり行動」そのものは日常生活でも行っていることである。しかし、ソーシャルワークでは、それらを意図的に用いてクライエントとのかかわりを展開する。

　さらに、ソーシャルワークにおける関係形成やそこに起こる相互作用を検討するにあたっては、個々の相手やグループ、集団等の文化的判断や慣習、個人差の影響を踏まえて理解し、実践する必要がある。

　また、これらのコミュニケーションは、日常的にはあまり意識されずに発信したり、受信したりしているものではあるが、ソーシャルワークではコミュニケーションが複数の表現の組み合わせによってなされていることに留意する必要がある。具体的には、大きな声で早口で「急いで！」と言われれば、言葉だけでの解釈以上に、走り込むイメージや、追い立てられるイメージなどが思い起こされ、言われた側の行動はより急ぐ方向に向かうことが容易に考えられるのではないだろうか。

表4-1 「かかわり行動」を構成する四つの要素

要素	要点
❶視線の合わせ方	「聴いています」というメッセージを伝えること。相手の文化にあった視線を合わせること、はずすことで送っているメッセージ
❷身体言語	聴いている姿勢、スタイル。リラックスの姿勢、緊張している体勢等
❸声の調子	話すスピード、声のトーン
❹言語的追跡	相手の話をよく聞いて、相手が少し前に話したことにしっかりついていくこと

出典：Ivey, A. E., Gluckstern, N. B., et al., *Basic Attending Skills Fourth Edition*, Microtraining Associates, Inc., 2006. をもとに筆者作成

　言語的、非言語的コミュニケーションで同時に表現されていることに矛盾が生じていると、受けとめる側は、どのように理解するべきか、当惑することもある。たとえば、眉をひそめ、視線が鋭く、にらみつけながら、「ようこそいらっしゃいませ」と言われても歓迎の意にはとられない印象を受けるのではないだろうか。これは、受けとめる側が、これまでの経験から相反する意味表現を同時に受け取り、解釈が混乱するからである。

　ソーシャルワークにおいて、自身が発している、もしくは他者から発せられたメッセージには多面的な解釈があり得ることを想定する必要がある。クライエントの理解には謙虚に耳を傾け、思い込みを排除し、クライエントから発せられるコミュニケーションを確認しつつ進めていくことが必要である。

　さらに、クライエントとの相互コミュニケーションがどのような状況であるかソーシャルワーカーは自覚して吟味することが援助目的に対して効果的な働きかけにつながると考えられる。

◇引用文献

1）岩間伸之『対人援助のための相談面接技術――逐語で学ぶ21の技法』中央法規出版，p.10，
2008.
2）同上，p.10
3）窪田暁子『福祉援助の臨床――共感する他者として』誠信書房，p.68，2013.
4）Cournoyer, B. R., *The Social Work Skills Workbook 8 th Edition*, Cengage Learning,
pp.207-246, 2016.
5）新村出編『広辞苑 第7版 for Win』岩波書店，2018.
6）南山短期大学人間関係科監，津村俊充・山口真人編『人間関係トレーニング――私を育てる教
育への人間学的アプローチ 第2版』ナカニシヤ出版，p.80，2005.
7）前出4），pp.207-246
8）前出1），p.22
9）Ivey, A. E., *Intentional Interviewing and Counseling*, Brooks /Cole Publishing Company,
1983, Ivey, A. E., Gluckstern, N. B., et al., *Basic Attending Skills*, Microtraining Associates,
Inc., 1982., Ivey, A. E., *Microcounseling*, Charles C Thomas Publishers, 1971, 1978.
（A.E. アイビイ，福原真知子ほか訳編『マイクロカウンセリング――"学ぶ-使う-教える"技
法の統合：その理論と実際』川島書店，pp.23-25，1985.）
10）福原眞知子監『マイクロカウンセリング技法――事例場面から学ぶ』風間書房，pp.3-6，
2007.

◇参考文献

・川瀬正裕・松本真理子編『新・自分さがしの心理学――自己理解ワークブック』ナカニシヤ出版，
1997.
・P. エクマン・W. V. フリーセン，工藤力訳編『表情分析入門――表情に隠された意味をさぐる』
誠信書房，1987.
・A. E. アイビイ・N. B. グリュックステン・M. B. アイビイ，福原眞知子訳『マイクロカウンセリ
ング基本的かかわり技法』丸善，1999.
・福原眞知子監『マイクロカウンセリング技法――事例場面から学ぶ』風間書房，2007.
・A. E. アイビイ，福原真知子・椙山喜代子・國分久子・楡木満生訳『マイクロカウンセリング』川
島書店，1985.

第 2 節 面接技術

演習のねらいとポイント

「面接」は英語で interview であり、英語の inter ＝互いに、媒介する、仲介するという意味と、view ＝見る、眺める、調査する、考える、熟考するという意味から成り立っており、お互いを見る、見あう意味がある。

ソーシャルワークにおける面接は、クライエントとの援助関係の形成、情報収集だけでなく、収集した情報をもとにアセスメントし、課題解決につなげるために重要なものである。特に最初の面接は、クライエントの不安が大きいなかで行われる。そのためソーシャルワーカーには、相手に安心感を与え、必要な情報を引き出すための技術が求められる。

本演習では、面接を通して、コンピテンシー（pp.12-16 参照）1 の「倫理的かつ専門職としての行動がとれる」が体現できること、6 の「個人、家族、グループ、組織、コミュニティと関わる」、7 の「個人、家族、グループ、組織、コミュニティのアセスメントを行う」、8 の「個人、家族、グループ、組織、コミュニティに介入する」方法について身につけることをねらいとする。

・面接の構造と要素を理解し、その要素の必要性を考える。
・面接の場所（環境）に配慮する視点を養い、状況に合った方法を検討できる。
・面接の技法を理解し、状況に応じて使い分けることができる。

第 4 章 コミュニケーション技術と面接技術

2 面接の構造化

1 演習課題

図 4-2 を活用して、面接の構造とその要素とその必要性について、グループ内で話しあってみよう。なお、**図 4-2** の①〜⑧は、面接の構造と要素を表している。

❶　6 人程度のグループをつくり、各グループ内で 1 人のリーダーを決める。リーダーは、各グループでのグループディスカッションの進行、まとめ、発表の役割を担う。

❷　**図 4-2** を見て、面接がどのような要素で構成されているかグループ内で検討し、ふせんに書き出し、**図 4-2** の当てはまる部分に張りつける。

❸　❷で書き出した各要素について、その必要性をグループ内で検討し、**表 4-2** を作成する。

❹　各グループのリーダーより、面接の構造と要素およびその必要性についてプレゼンテーションを行い、全体で共有する。

2 解説

ソーシャルワーカーにとっての面接は、ソーシャルワーカーとクライ

図4-2　面接の構造と要素

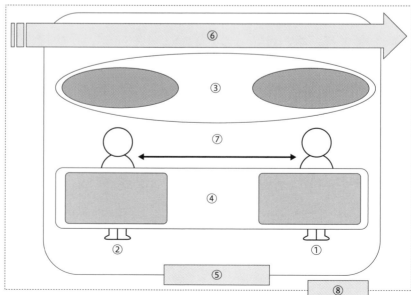

表4-2 面接の構造と要素の必要性についての記述用紙

面接の構造と要素	必要性
①	
②	
③	
④	
⑤	
⑥	
⑦	
⑧	

エントの間で、何らかの目的をもって行われるコミュニケーションプロセスであり、専門的な援助関係に基づいて展開されるソーシャルワーク実践である。単なる日常会話とは異なるため、**図4-3** に示された面接の構造と要素について理解しておくことが必要である。

　面接は、クライエント、ソーシャルワーカー、面接の目的、面接のテーマ、問題の所在、面接の場所（環境）、面接する時間、これらを媒介するコミュニケーションなどの要素によって構成される。クライエントは、個人、家族、集団などの場合がある。面接が展開される背景には、クライエントとソーシャルワーカーそれぞれに面接が必要とされる問題が存在する。しかし、クライエント自身はそれを問題と感じておらず、

図4-3 ソーシャルワーク面接の構造と要素

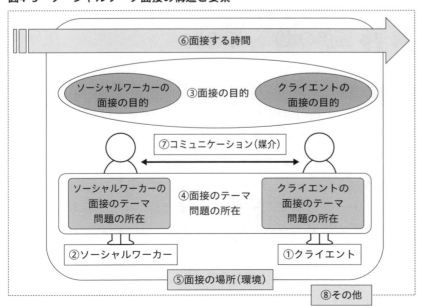

ソーシャルワーカーが問題と考えて面接を設定することもある。そのため、面接場面では、面接の目的を明確にしていくことが重要となる。クライエントの「このような目的で相談したい」、ソーシャルワーカーの「このような目的で面接をしたい」といった一定の目的を達成するために展開される構造をもった面接場面にしていくことが必要である。さらに面接は、クライエントとの関係形成（信頼関係の構築）、情報収集およびアセスメント、問題解決といった目的をもち、コミュニケーションを通して展開される。

また面接の構造では、「時間」も重要な要素となる。面接の予約時もしくは開始時に、面接時間を事前に確認しておくことで、その時間はクライエントとともに過ごす時間であり、クライエントのための時間として保障し、一定時間内に集中して面接に取り組むことをクライエントに伝えることとなる。

さらに面接を取り巻く環境を整えることも重要な要素である。面接の「場所」を構造化することは、ソーシャルワーカーとクライエントの双方にとって、安全で、安心して課題と向きあえる場所づくりであり、プライバシー保護の観点からも重要な要素となる。面接の「場所」は、ソーシャルワーカー専用の面接室とは限らない。クライエントの療養する病室や施設の居室、待合室や廊下、クライエントの自宅などで行われるほか、電話などのツールを活用して行われることもある。物理的な面接の「場」である環境の設定については、次の演習課題で展開する。

3 面接の場所（環境）

1 演習課題

図 **4-3** の⑤面接の場所（環境）を整えていくことは、クライエントが安心、安全に面接を受けるために必要な準備である。そこで、本演習では、面接の場所（環境）を整えるための留意点について考えてみよう。

❶ 6人程度のグループをつくり、各グループ内で1人リーダーを決める。リーダーは、グループの意見をまとめ、発表する役割を担う。

❷ クライエントにとって、安心で居心地のよい面接室のデザインを図 **4-4** の見取図に示し説明する。さらに、クライエントとソーシャルワーカーがどの位置に座るのが適切であるか、また、表 **4-3** の検討項目について、どのようにするのが適切であるかを図示する。図示

図4-4　面接室の見取図

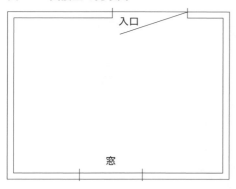

入口

窓

表4-3　検討項目

① 壁の色
② 照明
③ カレンダーもしくは絵画などの設置場所
④ 机の配置
⑤ 花（花瓶）などを置く場所
⑥ ソーシャルワーカーの座る位置
⑦ クライエントの座る位置
⑧ その他必要な家具、空調など

した配置の理由について、グループ内で検討する。

❸　各グループの作成した面接室の見取図を掲示し、配置の理由について発表する。

▌2 解説

❶面接室での面接

　クライエントにとって、特に初回の面接は、面接室に訪れる不安、慣れない場所での面接、自身の相談が受け入れられるかなどの不安が大きい。このような不安と緊張を和らげる物理的環境、ソーシャルワーカーの態度や姿勢が重要となる。

　まず、面接室の物理的条件としては、クライエントの表情や態度、反応を観察しやすい採光の配慮、クライエントが落ち着く色調の壁の色や家具の選定、座りやすいいす（高さ、立ち上がりやすい柔らかさなど）、テーブル（車いすでの使用可能な高さと幅）などの設置が必要である。さらに、冷暖房の空調設備、クライエントのプライバシーが守られるような防音、面接室使用中の札の設置、クライエントの視線の逃げ場となるようなカレンダーや絵画の配置、花や花瓶の配置などの配慮も必要である（**図4-5**）。

　ソーシャルワーカーとクライエントが座る位置関係には、**図4-6**、**表4-4**のようなものがある。

　クライエントにとって、初めての面接場面で、一番奥の席に座るのは不安を感じる可能性がある。また、ソーシャルワーカーが入口近くに座ることで、ソーシャルワーカー自身の安全性も護ることが可能となる。

　さらに、クライエントの不安や緊張を和らげ、さらに信頼関係を構築するためには、面接前の日時の調整連絡をする際の印象や、所属組織内

図4-5　面接室のデザイン例

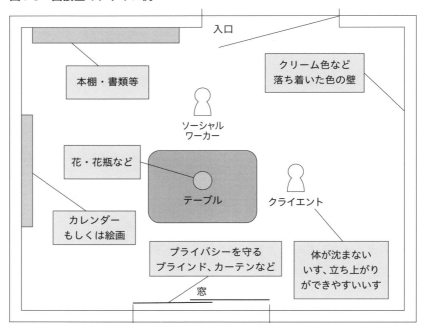

図4-6　面接時の位置関係

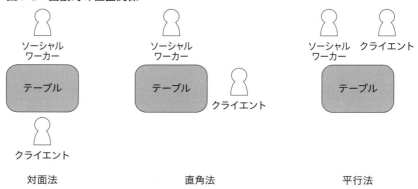

対面法　　　　　　　　　　　直角法　　　　　　　　　　　平行法

表4-4　対面法、直角法、平行法の座り位置のメリットとデメリット

	メリット	デメリット
対面法	クライエントの表情や視線を情報として観察することができる。	クライエントは目のやり場に困りやすい。緊張感を増すことにもつながる。
直角法	お互い目を見なくてもいいためクライエントとしては、より話しやすくなる。	クライエントの視線や目の動きなどの表情の観察が難しい。パーソナルスペースに敏感なクライエントには不向き。
平行法	視線のプレッシャーを受けることがまったくなく、お互いが同じものを見ることが可能となる。	座り位置そのものに違和感をもつクライエントもいる。

外からクライエントへのソーシャルワーカーの紹介の仕方も影響を与えることを理解していなければならない。

❷生活場面での面接

生活場面で面接する際は、クライエントの同意を得ることが必要である。同意を得る内容としては、時間、場所、目的についてである。また、クライエントの秘密を守れるような配慮と場面構成を行うことが必要である。

①　施設での面接

施設での面接は、施設内で生活しているクライエントから通りすがりに相談される場合、また、対応が必要と思われる事象が生じたときにソーシャルワーカーが介入する場合などが考えられる。

施設内には職員や利用者のほか、家族や出入りする業者スタッフなど人の目が多い。プライバシーに配慮した環境で面接をする必要がある。

②　自宅での面接

クライエントの自宅を訪問する場合、クライエントへ事前に連絡をとり、日時を設定して訪問する場合とクライエントの同意を得ずに緊急に訪問する場合が考えられる。

事前に連絡をとる場合は、面接室と同様に、面接の目的の説明をし、同意を得たうえで実施する。しかし、クライエントの自宅へ訪問するため、クライエントの生活時間に配慮する必要がある。また、訪問時の移動手段（駐車スペースなど）の確認、近隣への配慮や家族関係への配慮なども重要である。

緊急に訪問する場合、クライエントの同意を得ていない訪問となるため、特殊な面接となる。言わばクライエントの生活時間や場面への侵入であるため、ソーシャルワーカー自身が明確な訪問目的をもっていない場合は、避けるべきである。また、単身で訪問することも危険が想定される。

面接技術
──言語的表現（バーバルコミュニケーション）

1 演習課題

言語的表現の中心的な技法である、「焦点を当ててついていく」「開かれた質問と閉じられた質問」「感情の反映」「内容の反映」の技術について、事例を踏まえてグループディスカッション、ロールプレイなどの方法を用いて体験してみよう。

❶ 6人程度のグループをつくり、各グループ内で1人リーダーを決める。リーダーは、各グループでのグループディスカッションの進行、まとめ、ロールプレイのソーシャルワーカー役を担う。

❷ 次の事例を用いて、**表4-5**に示された各問題のセリフ等をグループ内で検討し、**表4-6**に記入する。

> 事例
>
> 同居している認知症の姑を介護している嫁との面談場面である。姑は、5年前に認知症との診断を受け、嫁が今日まで介護を続けてきた。今回、嫁が姑に対して暴力を振るってしまい、救急外来の医師から紹介されて、医療相談室に来室した。
>
> 提示したテーマに沿って、ソーシャルワーカーとして適切な言語的表現について考えてみよう。

❸ ❷で検討したセリフを各グループリーダー（ソーシャルワーカー役）と教員（クライエント役）で次々とロールプレイをしていく。

❹ 表4-5の問題1「焦点を当ててついていく」をテーマに、問題1のクライエントの言葉に対して、ソーシャルワーカーとしてどのような応答が適切かをグループ内で考える。

❺ 各グループリーダーとクライエント役の教員とで、ロールプレイを実施する。

❻ 各グループで実施したロールプレイについてどのように感じたか、グループ内で共有する。

❼ 各グループからグループ内で共有した内容を報告する。どのグループの応答が適切であったか全体で評価する。

❽ 問題2から問題6について、❹から❼を繰り返す。

❾ 各グループ内で、本演習課題全体での学びや感想を共有したあと、グループリーダーから発表し、全体で共有する。

表4-5　言語的表現の練習問題（配付資料 No.1）

言語的表現の練習問題（配付資料 No.1）

【事例】
　同居している認知症の姑を介護している嫁との面談場面である。姑は、5年前に認知症との診断を受け、嫁が今日まで介護を続けてきた。今回、嫁が姑に対して暴力を振るってしまい、救急外来の医師から紹介されて、医療相談室に来室した。
　提示したテーマに沿って、ソーシャルワーカーとして適切な言語的表現について考えてみよう。

1．焦点を当ててついていく
問題1
　クライエント：私は5年間もあの徘徊する姑を介護してきました。徘徊するときは、後ろをついて町中歩いたんですよ。5年間も…。
　ソーシャルワーカー：**問題1**
問題2
　クライエント：とてもつらかった。でも、主人も主人の姉たちも誰も手伝ってなんかくれませんでした。
　ソーシャルワーカー：**問題2**

2．開かれた質問と閉じられた質問
問題3
　クライエント：死んでしまいたいと思ったこともあります。
　ソーシャルワーカー：**問題3**（話題を深めるために質問を織り交ぜてください）

3．感情の反映
問題4
　クライエント：姑の介護は私なりに精一杯やってきました。でも姑の徘徊はひどくなるばかりで、この頃は私に暴力を振るうことさえあります。私はどうしたらいいのかわかりません。
　ソーシャルワーカー：**問題4**（クライエントの感情を一言で表してください）
問題5
　クライエント：私はただ一生懸命介護してきただけです。でも今日は、私を殴ろうとした姑にカーッとなって、思わず突き飛ばしてしまったんです。血だらけで倒れている姑を見て呆然としてしまいました。
　ソーシャルワーカー：**問題5**（感情を反映した対話）

4．内容の反映
問題6
　クライエント：本当に私どうしたらよかったんでしょうか。
　ソーシャルワーカー：**問題6**（一連のクライエントの話を要約してください）

表4-6　記録用紙（配付資料 No.2）

記録用紙（配付資料 No.2）

１．焦点を当ててついていく

問題1

自分の意見：

グループメンバーの意見：

決定した対話：

問題2

自分の意見：

グループメンバーの意見：

決定した対話：

２．開かれた質問と閉じられた質問

問題3

自分の意見：

グループメンバーの意見：

決定した対話：

３．感情の反映

問題4

自分の意見：

グループメンバーの意見：

決定した対話：

問題5

自分の意見：

グループメンバーの意見：

決定した対話：

４．内容の反映

問題6

自分の意見：

グループメンバーの意見：

決定した対話：

2 解説

問題 1 から問題 6 の応答例について解説を提示する。

❶問題 1 の応答例──焦点を当ててついていく

> クライエント：私は 5 年間もあの徘徊する姑を介護してきました。
> 　　　　　　　徘徊するときは、後ろをついて町中歩いたんですよ。
> 　　　　　　　5 年間も…。
> ソーシャルワーカー：5 年間も…。（温かい、ゆっくりとした声で）

　いずれの問題においても、非言語的表現、言語的表現で構成されていることが前提である。クライエントの話す内容に注意を向け、しっかりとついていき、話す内容を理解しようとしているかどうか、また、「あなたの話を聴いていますよ」ということを全身で表現し、クライエントの発言のなかの言葉に焦点を当て、言語的に表現していくことが必要である。焦点を理解するには、「5 年間」が繰り返し述べられている点に着目する必要がある。さらに「5 年間…」との応答にとどめ、温かみのある声のトーンで、クライエントの語りを促進していく必要がある。

❷問題 2 の応答例──焦点を当ててついていく

> **【応答例 1 】**
> クライエント：とてもつらかった。でも、主人も主人の姉たちも誰も
> 　　　　　　　手伝ってなんかくれませんでした。
> ソーシャルワーカー：誰も手伝ってくれなかったのですね。

> **【応答例 2 】**
> クライエント：とてもつらかった。でも、主人も主人の姉たちも誰も
> 　　　　　　　手伝ってなんかくれませんでした。
> ソーシャルワーカー：たったおひとりで介護されてきたのですね。

　ここでの応答例は、二つ考えられる。一つ目は、クライエントの発言のなかの焦点となる言葉をそのまま活用して応答する方法である。二つ目は、クライエントの発言のなかの言葉を「言い換えの技法」を使って応答する方法である。

❸問題３の応答例──開かれた質問と閉じられた質問

【応答例１】

クライエント：死んでしまいたいと思ったこともあります。

ソーシャルワーカー：どのようなときにそう思いましたか？

【応答例２】

クライエント：死んでしまいたいと思ったこともあります。

ソーシャルワーカー：どのように乗り越えられたのですか？

　ここでも二つの開かれた質問の応答例が考えられる。一つ目は、「どのようなとき」（when）を活用して、具体的な場面について質問する方法である。しかし、児童虐待やDV、性被害者などに対する面接の場合、具体的な場面を想起させる質問は、二次被害を生じさせる可能性があり、危険である。そのため、二つ目として、「どのように」（how）を活用して、「どのように乗り越えられたのですか？」との質問方法も提示したい。**図4-7**を参考に考えてみるとよい。

図4-7　クライエントの人生曲線の着目点

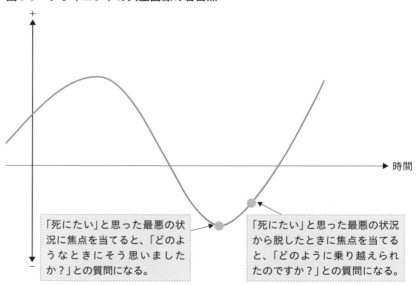

「死にたい」と思った最悪の状況に焦点を当てると、「どのようなときにそう思いましたか？」との質問になる。

「死にたい」と思った最悪の状況から脱したときに焦点を当てると、「どのように乗り越えられたのですか？」との質問になる。

❹問題４の応答例──感情の反映

クライエント：姑の介護は私なりに精一杯やってきました。でも姑の徘徊はひどくなるばかりで、この頃は私に暴力を振るうことさえあります。私はどうしたらいいのかわかり

> ません。
> ソーシャルワーカー：頑張ってもお姑さんの状態が悪化するばかりで、どうしていいかわからず困っていらっしゃるのですね。

　ここでは、クライエントの感情を読みとる練習問題となる。頑張れば頑張るほど、姑の状態がよくなるのであればいいが、ここでは頑張っても頑張っても、ますます姑の状態が悪化しているということであり、「どうしたらいいのかわかりません」との言葉から、介護を放棄せずに努力していることを受けとめつつ、困惑しているという感情を読みとり、その感情を反映する。

❺問題5の応答例──感情の反映

> クライエント：私はただ一生懸命介護してきただけです。でも今日は、私を殴ろうとした姑にカーッとなって、思わず突き飛ばしてしまったんです。血だらけで倒れている姑を見て呆然としてしまいました。
> ソーシャルワーカー：驚かれたでしょうね。（温かい、ゆっくりとした声で、優しいまなざしを向けて）

　ここでは、問題4と同様、クライエントの感情を読みとり、反映することが課題である。クライエントの言葉のなかには、「突き飛ばしてしまった」自分の状況と「血だらけで倒れている姑」の姿に着目して、「驚かれたでしょうね」と一言で返し、さらに語りを促進することが必要である。ここで注意しなければならないのは、ソーシャルワーカーの基本的な姿勢として、非審判的態度で接することである。もし、嫁であるクライエントを責めるような応答をした場合、クライエントとの関係が緊張感のあるものとなるだけでなく、クライエントが積極的に面接に応じなくなってしまう。

❻問題6の応答例──内容の反映

> クライエント：本当に私どうしたらよかったんでしょうか。
> ソーシャルワーカー：認知症があるお姑さんを5年間、おひとりで頑張って介護されてきたにもかかわらず、お姑さんのご様子が段々悪化されているんですね。

ここでは、クライエントの一連の話を要約する、内容の反映の技術を学ぶことを目的としている。この内容の反映の技術は、クライエントの話を理解していることを伝えることができるとともに、クライエントが感情について話すことを励まし、クライエントの自らの考えをまとめることを支援し、面接のプロセスに区切りをつけることにつながる。

　本演習課題では、クライエントとの援助関係の形成に焦点を当て展開してきた。援助関係を形成すると同時に、情報収集およびアセスメントを行い、内容の反映によって面接に区切りをつけたあと、クライエントの問題を確認し、問題解決へと面接を展開することが必要である。

5 ツールの活用

1 演習課題
　ビデオミーティング機能を用いて面接を体験してみよう。
❶　２人１組になり、ソーシャルワーカー役とクライエント役を決める。
❷　**表 4-5**（p.119 参照）の練習問題をビデオミーティングでやってみる。ソーシャルワーカー役の人は、**表 4-6**（p.120 参照）に記入したセリフで応答する。
❸　直接会って言ったときとビデオミーティングで言ったときとの印象の違いをそれぞれ発表する。

2 解説
❶ Web を活用した面接
　Web を活用した面接などの開催も、今後は、重要となってくる。さまざまな Web ツールが存在するが、初期費用、所属機関および受け手の ICT（information and communication technology：情報通信技術）環境などにより、選択されるツールとその機能は異なってくる。
①　ビデオミーティング機能を用いた面接
　ビデオミーティングは、パソコンやスマートフォンなどの Web カメラを用いて画面越しに顔を合わせてオンラインでミーティングするツールである。演習講義の開始前の準備として、ICT 環境と参加者のスキルを確認、相談しておくことが必要である。事前準備としては、**表 4-7** のとおりである。

表4-7　ビデオミーティング機能を活用して面接を行う際の事前準備

❶　面接の開催（日時、内容など）の告知を事前に相手に送る。
❷　出席者の返答と確認方法を確認しておく。
❸　面接の招待 URL の送付先を確認する。
❹　ビデオ、マイクを ON にする。

　ビデオミーティング機能もさまざまであり、比較的安価もしくは無料のものも存在する。また、画面の共有機能やホワイトボード機能、グループディスカッションのためのブレイクアウト、チャット機能、アンケート（投票）機能などがあるものもある。参加者の ICT 環境に応じて使い分けることが求められる。

　また、ビデオミーティングで面接をする場合、自宅や職場などからのアクセスとなるため、**表4-8** の点に留意する必要がある。

② **e-mail およびチャット機能を活用した文字による連絡**

　e-mail は、情報交換には非常に効果的なツールである。しかし受け手であるクライエントの ICT 環境とスキルを確認しておくことが必要である。さらに、双方にとって都合のよい時間に受信、発信が可能な点は利点であるが、リアルタイムの連絡ツールとはならないため、タイムラグが生じる可能性がある。e-mail を活用する場合の注意点は、**表4-9** のとおりである。

❷**電話を活用した面接**

　電話は、コミュニケーションツールとして重要なツールである。しか

表4-8　ビデオミーティングで面接をする際の留意点

・面接の内容が他者に漏れない場所で参加する。
・面接の主催者および参加者の承諾なしに、録画しない。
・参加時に、音声、ビデオ機能を確認する。
・参加者以外の者に、URL および ID とパスワードを教えない。
・室内などの背景が写るため、場所の設定やバーチャル背景などを活用する。
・その他

表4-9　e-mail を活用する場合の注意点

・e-mail の活用について、クライエントにどのような場面で、どのような内容のときに活用するかについて取り決め（ルール）、同意を得る。
・リアルタイムでの送受信とならないため、緊急時での使用は不適切である。
・クライエントの ICT 環境と能力についてアセスメントしておく。
・文書の内容を簡潔でわかりやすい内容にする。
・受信者が内容を理解できたか不明なため、後ほどの面接などで確認する。
・フォローアップできない内容については、e-mail での連絡は不適切である。
・その他

し、観察技法の活用が困難であるため、より注意深く聴くことが必要である。電話を活用する場合の注意点は、**表4-10** のとおりである。

❸その他

その他の方法として、手紙が考えられる。手紙の場合、一方向のコミュニケーションであること、リアルタイムでのコミュニケーションとならないことから、資料の送付、患者会、家族会などの行事開催案内の送付など、その活用は限られる。また、どうしても連絡がとれない、会うことができない場合など、クライエントおよび家族の面接の動機づけとしてのツールとして活用することも想定される。手紙を活用する場合の留意点は、**表4-11** のとおりである。

表4-10　電話を活用する場合の注意点

・話の内容に集中できる場所で電話をする。
・話の内容が他者に漏れない場所で電話をする。
・クライエント自身が、電話に対応できる状態かどうか確認する。
・クライエントの声のトーンや語調、内容に集中する。
・話の間を考慮する。
・話の内容を繰り返す。
・見えないクライエントに、何が起こっているか想像しながら聴く。
・クライエントの感情の表出に注意を向け、適切に言語的表現で返答する。
・可能であれば、電話だけでなく、会って話を聴く機会を得る方法を探る。
・その他

表4-11　手紙のツールを活用する場合の留意点

・発信者を明確にする。
・発信者に対して連絡をとる方法を明示しておく。
・手紙の送付の目的を明確にしておく。
・受け取る側の状況（視力、能力など）に配慮する。
・同居家族に配慮して送付する。
・その他

◇**参考文献**
・D. エバンス・M. ハーン・M. ウルマン・A. アイビー，援助技術研究会訳，杉本照子監訳『面接のプログラム学習』相川書房，1990.
・福原眞知子・A. E. アイビイ・M. B. アイビイ『マイクロカウンセリングの理論と実践』風間書房，2004.
・福原眞知子監『マイクロカウンセリング技法──事例場面から学ぶ』風間書房，2007.
・堀要『現代教育新書 面接のしかた』黎明書房，1953.
・岡本民夫『ケースワーク研究』ミネルヴァ書房，1973.
・Parker, J., *Effective Practice Learning in Social Work 2nd Edition*, Learning Matters Ltd, 2010.
・D. H. ヘプワース・R. H. ルーニー・G. D. ルーニー・K. シュトローム－ゴットフリート・J. ラーセン，武田信子監，北島英治・澁谷昌史・平野直己・藤林慶子・山野則子訳『ダイレクト・ソーシャルワークハンドブック──対人支援の理論と技術』明石書店，2015.

第5章

ソーシャルワークの展開過程と関連技法

　ソーシャルワークは、専門職としての価値観を基盤として、知識および技術をクライエントの状況やニーズに合わせ、創造的に組み合わせて展開することが求められる。ソーシャルワークの基本的なプロセスは、エンゲージメント（インテーク）、アセスメント、プランニング、支援の実施とモニタリング、支援の終結と結果評価、アフターケアという構成要素から概念化されている。ソーシャルワークは、クライエントのウェルビーイングの実現や問題の解決に向けて展開されるため、各要素が独立して機能しているのではなく、そのプロセスは本質的に円環的である。したがって、テキストの構成上、プロセスの構成要素については別々に学習するが、実際は各要素が相互または交互に作用しながら展開されることを意識して学習してほしい。

ケースの発見とエンゲージメント（インテーク）

1 演習のねらいとポイント

1 演習のねらい

　本演習では、ソーシャルワーク実践のプロセスにおけるケースの発見とエンゲージメント（インテーク）について理解する。

　エンゲージメント（インテーク）のプロセスにおいては、関係構築のスキルを活用して、提起されている問題のアセスメントとインターベンションの初期方針の決定が行われる。

　インテーク（intake）は、日本語では一般的に「受理面接」と訳されている。受理面接はソーシャルワーカーが「支援を必要とする」人と出会う、初回、またはその後の数回までの面接をいう。受理面接は、主たる目的を❶問題の概括的な把握、❷クライエントとの信頼関係の構築、❸緊急性の判断において、実施されるものである。個人を対象とする支援のエンゲージメント段階においては、従来からインテークと呼ばれる業務が行われてきた。

　現代社会において、支援を必要としてソーシャルワーカーと出会う人々の背景では、家族のなかで多様な問題が複雑にからまりあっている場合が多い。また、支援を必要としながらも、自ら支援を求めることができない人、または家族が支援対象としてソーシャルワーカーの前に現れてくることも少なくない。

　ここでは、児童虐待対応を事例にエンゲージメント（インテーク）のあり方を検討していく。そして、各事例を通して、コンピテンシー（pp.12-16参照）6の「個人、家族、グループ、組織、コミュニティと関わる」を身につけることをねらいとする。

2 演習のポイント

・インテークの目的を理解しよう。

・インテーク段階においてソーシャルワーカーに求められる支援技法を

理解しよう。

2　事例の紹介

1　ソーシャルワーカーが勤める職場、立場

❶ A 児童福祉司

　A さんは、児童福祉司*として政令指定都市 B 市にある児童相談所に勤務している。大学卒業時に B 市の社会福祉専門職として採用され、福祉事務所勤務ののち児童相談所に異動して、児童福祉司としての勤続年数は 5 年目になる。現在は、虐待対応班に所属し、家族、子ども本人、関係者等からの虐待相談に対応している。

❷ C 里親支援専門相談員

　B 市にある児童養護施設の里親支援専門相談員*である。大学で社会福祉学を学び、社会福祉士の資格を取得。卒業後、現在も勤務している児童養護施設に児童指導員として就職した。児童養護施設の勤続年数は 15 年になる。一昨年より里親支援専門相談員として、里親支援業務にあたっている。C さんは委託後の里親家庭への訪問・電話・メール等での継続的な相談支援に加え、里親サロン等を開催して里親同士の交流の促進や、里親の新規開拓も行っている。

2　支援対象

　B 市在住のタロウ君一家

❶家族構成

　父親（会社員）、母親（専業主婦）、長男：タロウ君（小学 2 年生）

❷概要

　タロウ君は、B 市立小学校に在籍している。今回、学校長より保護者からの虐待が疑われる児童がいるということでタロウ君のことが児童相談所に通告され、A 児童福祉司を含む虐待対応班の職員が学校に確認に向かうこととなった。

3　課題状況とこれまでの経過

　タロウ君は、小学校入学時に、隣県より両親とともに市内のマンションに転居してきた。市内に親族等はおらず、主に専業主婦の母親がタロウ君の育児を担っている。タロウ君は出生時体重が 1500g と小さめで、

★児童福祉司
児童相談所に置かれる専門職。児童相談所運営指針において、❶子ども、保護者等から子どもの福祉に関する相談に応じること、❷必要な調査、社会診断を行うこと、❸子ども、保護者、関係者等に必要な支援・指導を行うこと、❹子ども、保護者等の関係調整（家族療法など）を行うこと、が職務として規定されている。

★里親支援専門相談員
児童養護施設および乳児院に置かれる専門職。地域の里親およびファミリーホームを支援する拠点としての機能をもたせ、児童相談所の里親担当職員、里親委託等推進員、里親会等と連携して、里親委託の推進および里親支援の充実を図る。

第5章　ソーシャルワークの展開過程と関連技法

ミルクを飲む力が弱く、その後の成長もゆっくりとしたものだった。

　出生当時、父親は仕事が忙しく出張で家を留守にしがちであった。遠方の実家にも頼りにくかった母親は、慣れない育児に苦労しながら、タロウ君の発達が遅いことに悩んでいたという。1歳6か月検診、3歳児検診では、運動面、言語面いずれにおいても経過観察の必要を指摘された。

　幼稚園に入園すると、母親はタロウ君と級友の成長を比べては落ち込む様子が懇談の場でみられた。時間通りに行動できない、物事に集中できないタロウ君への苛立ちは、やがてタロウ君への体罰につながっていった。父親もそんな妻子の関係を知りながらも、育児を妻任せにしており、体罰を強く止めることはしなかった。

　タロウ君が年長の頃の夏休みに、タロウ君の背中や太ももに頻繁に青あざができていることに気づいた幼稚園の先生が児童相談所に通告した。タロウ君へのかかわりに悩んでいた両親は体罰の事実を認め、一時保護に同意した。その後、タロウ君は母親との関係調整に時間をかけることが必要との判断で、県内の児童養護施設に入所した。

　両親は、当時の担当児童福祉司や児童養護施設の家庭支援専門相談員の助言を受けながら、面会や外出での交流を重ねた。母親はカウンセリング受講を受け入れ、定期的にカウンセリングに通った。その結果、家族関係に一定の改善がみられたことや、タロウ君自身も外泊時に落ち着いて家族とともに生活が送れていることが確認され、小学校入学を機に家庭復帰となったのである。

　児童養護施設の家庭支援専門相談員は、退所後のアフターケアとして家庭復帰後もタロウ君の母親に定期的に連絡を入れていた。しかし、1年生の2学期が終わるころ、母親より「もう大丈夫です」と連絡を打ち切ってほしいとの旨が告げられた。その後、電話をしても連絡がとれず、家庭訪問をしても会えない日々が続いていた。

i　児童福祉法第25条および児童虐待の防止等に関する法律（児童虐待防止法）第6条には、虐待を受けている、あるいは受けていると思われる児童を発見した者については通告の義務があるとしている。さらに、児童虐待防止法第5条では、学校や児童福祉施設等、児童の福祉に業務上関係のある団体および学校の教職員や児童福祉施設の職員等、児童の福祉に職務上関係のある者については早期発見の努力義務を規定している。

事例

ケースの発見

　A児童福祉司のもとに、小学校の学校長より「保護者からの虐待が疑われる児童がいる」とタロウ君に関しての通告が入ったのは、タロウ君が小学2年生のときの5月の大型連休が終わった頃だった。電話で聞いたところ、「制服の汚れが休み明けもそのままになっており、持ち物もそろわないことが目立つようになった。週明けの今朝は頬が赤く腫れたままで登校してきた。体育の前の着替えの際に背中にもあざがあることに担任が気づいた。担任と養護教諭がタロウ君に話を聞いたところ、『お母さんと喧嘩したから今日は帰れない』という。母に叩かれたようである」とのことであった。

　A児童福祉司は、タロウ君と面談を行った。自己紹介を行い、児童相談所からタロウ君の安全と安心が心配で来た旨を伝えた。養護教諭同席のもと、タロウ君のけがは、いつ、どうして起きたのかを聞き取っていった。「わからない」「こけたかもしれない」とはじめは話していたが、「僕が宿題をしなくて悪かった。だからお母さんが怒った」と話し始めた。「お母さんが今日は帰らなくていいと言っている。学校に泊めてもらおうかな」というタロウ君に、A児童福祉司は子どもが過ごせる場所があること、今夜泊まれる場所があることを提案すると、タロウ君は一緒に行くと了承した。

　A児童福祉司は母親に連絡を入れ、タロウ君を一時保護しようと考えていることを伝え、「これからのことをじっくり考えるためには、いったんお子さんをお預かりして、一緒に相談していきましょう」というと、母親は「タロウにイライラして叩いてしまうことに、このままではいけないと思ってはいた。それでも、つい、言うことを聞かないタロウが悪いと思って叩いてしまう」と一時保護に同意した。

支援方針の決定へ

　A児童福祉司の勤務する児童相談所では、子どもが住み慣れた地域で生活を維持できるよう、校区内の里親委託を推進している。タロウ君は、家を離れても学校には通いたいという希望を口にした。児童相談所内で行われた受理会議では、一時保護期間中も小学校の校区内で養育里親をするDさん宅で生活しながら両親との関係調整を行うという方針が出され、一時保護委託の打診を受けたDさんもタロウ君の受託を快く引き受けた。一時保護所にいたタロウ君にも、Dさんの家から学校に通うことが説明された。児童相談所でDさんと面会したタロウ君は、Dさんのところでの生活に同意した。A児童福祉司はタロウ君が生活していた児童養護施設に連絡を入れた。施設を訪問し、タロウ君の状況を共有した。協議の結果、タロウ君のアフターケアと里親支援を目的としてC里親支援専門相談員がかかわることとなった。

A児童福祉司とC里親支援専門相談員は、タロウ君とともにDさん宅を訪れた。Dさんは40代の養育里親で、実子を育てながら多くの子どもを受託してきた経験豊富な里親である。

A児童福祉司とC里親支援専門相談員は、Dさんにタロウ君や家族についての情報共有を行った。また、受託後も家庭訪問等でタロウ君の養育をサポートしていくこと、実親との関係は、今後児童相談所を中心に調整していくこと、ともに学校との連携を図っていくことなどを確認した。

3 演習と解説

1 ミクロレベル

❶演習課題

事例の概要について、参加メンバーで読み合わせを行い、内容を把握する。そのうえで、事例「ケースの発見」の場面を読み、次の❶～❸について話しあってみよう。

❶ A児童福祉司がタロウ君本人と会う目的は何か。

❷ タロウ君に信頼感をもってもらうには、どういう声かけをすればよいか。

❸ タロウ君への虐待の緊急度を知るためには、A児童福祉司はどのようなことをすればよいか。

❷解説

児童虐待は、家庭等養育者と子どもの親密な関係のなかで起きる問題である。虐待は、子どもの心身を傷つけるにとどまらず、その後長期にわたって子どもの豊かな発達を阻害する。

2007（平成19）年に改正された児童相談所運営指針では、児童虐待の通告受理後の児童の安全確認の実施について、「『48時間以内とする』ことが望ましい」とされた。その後、深刻な虐待死事件の発生を受け、2018（平成30）年7月児童虐待防止対策の強化に向けた緊急総合対策では、さらに48時間以内の確認の徹底が求められている。この安全確認は、子どもを直接目視して行うことが基本とされている。児童福祉司がタロウ君本人と会うのは、タロウ君の安全確認を行ううえで重要な手続きである。

そして、子どもや家族への支援の入り口、すなわちインテークの段階

において、ソーシャルワーカーには、人間行動や社会環境、環境のなかの人、そして他の学際的な理論的枠組の知識を適用する力、多様なクライエントや関係者に効果的にかかわるために、共感、反射、対人スキルを活用する力が求められる。

虐待を受けている子どもがそのことを大人に訴えてくることはほとんどない。虐待者から口止めされていたり、タロウ君のように「自分が悪いから叩かれたりするのだ」と思っていることも少なくない。ソーシャルワーカーは、クライエントとの間にエンパワメント視点に基づいた援助関係を構築しようとする必要がある。この事例の場合も、タロウ君を尊重したかかわりを心がけていくことが大切である。

A児童福祉司は、タロウ君に「あなたの安全と安心を守るために来たよ。心配なことがあったら何でも言ってね」と伝えることで、タロウ君の不安を軽減しようとした。また、タロウ君が安心して話をすることができるよう、日頃からタロウ君が慕っている養護教諭に同席してもらい、ゆっくり話を聞いた。

このとき、聞き取り方にも配慮が必要である。「お母さんが叩いたの？」などといった誘導的な質問は避け、「どうしてけがをしたの？」「そのときのことをもう少し詳しく話してくれないかな」と、具体的な場面についてわかりやすい言葉で尋ねるようにする。A児童福祉司が効果的なコミュニケーションをとった結果、タロウ君はA児童福祉司に家庭での出来事を話せたのである。

また、虐待者である母親とのコミュニケーションにおいても、ソーシャルワーカーは母親との援助関係の構築を目指したかかわりを心がけている。体罰によって子どもを傷つけることは、たしかに重大な人権の侵害である。しかし、虐待の原因を、体罰など不適切なかかわり（マルトリートメント）をする養育者のみに求めるのは、被害者非難（victim blaming）*にすぎない。ソーシャルワーカーは、養育者が「なぜ、虐待してしまうのか」のみならず、養育者に「何が虐待させてしまうのか」を考える必要がある。

インテークの段階では、タロウ君や学校関係者からの聞き取りを通して、緊急性の判断を行う。特に児童虐待の場合、子どもの生命の危険が迫っているかどうかの判断を行わなくてはならないため、情報を収集したうえで迅速に意思決定を行う必要がある。子ども本人の話や学校関係者の話を聞くほか、けがの程度の確認などから総合的に行う。子どもは、その年齢や発達の程度によっては、言葉で自分の思いや体験を伝えるこ

★**被害者非難（victim blaming）**
犯罪などによって生じた被害についてその責任の一部、または全部を被害者に負わせることをいう。虐待をする人は、さまざまな要因がからみあったなかでそうするよう追い込まれた被害者であるという側面に目を向け、「何が虐待させてしまうのか」社会背景を考えることが必要である。

表5-1　一時保護決定に向けてのアセスメントシート

①	当事者が保護を求めている？	□　はい	□　いいえ		

□　子ども自身が保護・救済を求めている □　保護者が、子どもの保護を求めている	＊情報

②	当事者の訴える状況が差し迫っている？	□　はい	□　いいえ		

□　確認にはいたらないものの性的虐待の疑いが濃厚であるなど □　このままでは「何をしでかすか分からない」「殺してしまいそう」などの訴え 　　など	

③	すでに虐待により重大な結果が生じている？	□　はい	□　いいえ		

□　性的虐待（性交、性的行為の強要、妊娠、性感染症罹患） □　外傷（外傷の種類と箇所：　　　　　　　　　　　　　　　　　　） □　ネグレクト 　　例：栄養失調、衰弱、脱水症状、医療放棄、治療拒否、（　　　　　　）	

④	次に何か起これば、重大な結果が生ずる可能性が高い？	□　はい	□　いいえ		

□　乳幼児 □　生命に危険な行為 　　例：頭部打撃、顔面攻撃、首締め、シェーキング、道具を使った体罰、逆さ吊り、 　　　　戸外放置、溺れさせる、（　　　　　　） □　性的行為に至らない性的虐待、（　　　　　　）	

⑤	虐待が繰り返される可能性が高い？	□　はい	□　いいえ		

□　新旧混在した傷、入院歴、（　　　　　　） □　過去の介入 　　例：複数の通告、過去の相談歴、一時保護歴、施設入所歴、「きょうだい」の虐 　　　　待歴（　　　　　　） □　保護者に虐待の認識・自覚なし □　保護者の精神的不安定さ、判断力の衰弱	

⑥	虐待の影響と思われる症状が子どもに表れている？	□　はい	□　いいえ		

□　保護者への拒否感、恐れ、おびえ、不安、（　　　　　　） □　面接場面での様子 　　例：無表情、表情が暗い、鬱的体の緊張、過度のスキンシップを求める、 　　　　（　　　　　　） □　虐待に起因する身体的症状 　　例：発育・発達の遅れ、腹痛、嘔吐、白髪化、脱毛、（　　　　　　）	

⑦	保護者に虐待につながるリスク要因がある？	□　はい	□　いいえ		

□　子どもへの拒否的感情・態度 　　例：拒否、愛情欠如、差別など不当な扱い、望まない妊娠出産、母子健康手帳 　　　　未発行、乳幼児健診未受診、（　　　　　　） □　精神状態の問題 　　例：鬱的、精神的に不安定、妊娠・出産のストレス、育児ノイローゼ、 　　　　（　　　　　　） □　性格的問題 　　例：衝動的、攻撃的、未熟性、（　　　　　　） □　アルコール・薬物等の問題 　　例：現在常用している、過去に経験がある、（　　　　　　） □　公的機関等からの援助に対し拒否的あるいは改善が見られない、改善するつも 　　りがない □　家族・同居者間での暴力（DV等）、不和 □　日常的に子どもを守る人がいない	

⑧	虐待の発生につながる可能性のある家庭環境等	□　はい	□　いいえ		

□　虐待によるのではない子どもの生育上の問題等 　　例：発達や発育の遅れ、未熟児、障害、慢性疾患、（　　　　　　） □　子どもの問題行動 　　例：攻撃的、盗み、家出、徘徊、虚言、性的逸脱、退行、自傷行為、盗み食い、 　　　　異食、過食、（　　　　　　） □　保護者の生育歴 　　例：被虐待歴、愛されなかった思い、（　　　　　　） □　養育態度・知識の問題 　　例：意欲なし、知識不足、不適切、期待過剰、家事能力不足、（　　　　　　） □　家族状況 　　例：保護者等（祖父母、養父母等を含む）の死亡・失踪、離婚、妊娠・出産、 　　　　ひとり親家庭等（　　　　　　）	

出典：厚生労働省雇用均等・児童家庭局総務課「子ども虐待対応の手引き」p.101, 2013.　https://www.mhlw.go.jp/seisakunitsuite/
　　　bunya/kodomo/kodomo_kosodate/dv/dl/120502_11.pdf

とが難しい場合もある。子どもへの聞き取りは発達状況に配慮した工夫
をする必要がある。

　厚生労働省の「子ども虐待対応の手引き」には、一時保護決定に向け
てのアセスメントシート（**表5-1**）が示されている³⁾。子どもの安全を確
保するために、情報収集とアセスメントは、こうしたツールを活用し、
限られた時間のなかで速やかに行わなくてはならない。

　また、単にアセスメント項目を埋めるために情報を収集するのでは子
どもの利益にはつながらない。ソーシャルワーカーには、人間行動と社
会環境についての理論を理解し、この知識をクリティカルに評価して、
個人、家族、グループ、組織、コミュニティといった多様なクライエン
トや関係者のアセスメントに適用することが求められる。

2 メゾレベル

❶演習課題

　事例「支援方針の決定へ」の場面を読み、次の❶、❷について話しあっ
てみよう。

❶　養育里親が虐待を経験した子どもを受託し、養育する場合、どのよ
　　うな困難が生じることが多いだろうか。

❷　家庭復帰に向けて、どのような支援ネットワークを構築していく必
　　要があるだろうか。

❷解説

　児童虐待への対応は、児童相談所のみが担うものではなくさまざまな
機関の連携に基づいて展開される。厚生労働省の「子ども虐待対応の手
引き」では、各種機関との連携の重要性について触れている。ここでは、
虐待の背景にある子どもや家族の複雑な背景を理解し、支援していくた
めには、社会福祉に関係する機関のみならず、保健、医療、教育等さま
ざまな機関との連携を有機的に図る必要があるとしている。これは、介
入の段階に限ったことではない。また、支援を行うにあたっては、イン
テークの段階から里親との関係、実親との関係について中長期的な見通
しをもつことが必要である。

　我が国においては、家庭からの分離を必要とする子どもに対して提供
される社会的養護は、従来は施設での養育が主流であった。しかし
2002（平成14）年の「里親制度の運営について」の通知が出されてか
らは、里親制度の拡充が進められてきた。そして2017（平成29）年
の夏に示された「新しい社会的養育ビジョン」では、里親委託の推進が

さらに強く打ち出された。しかし、里親委託中心の各国の状況をみても、里親との信頼関係構築がうまくいかなかったり、不適切な養育を受けたりすることによって里親宅を転々としなければならない事例（ドリフト現象）は少なくなく、我が国においても里親不調による措置変更、委託解除に至る事例が報告されている。よって、里親委託に際しては、里親の特性や力量を考慮し、子どもに最も適合した里親の選定を行うことが求められる。また、タロウ君の事例のように、できるだけ子ども自身を住み慣れた地域から離さない形で委託できることが望ましいとされている。

　タロウ君の場合、児童相談所のA児童福祉司による家族支援、親子関係調整や里親による安全で安心な環境での養育の提供に加えて、家庭復帰に向けた支援が展開されていくことになる。そのためには、要保護児童対策地域協議会*（以下、要対協）での情報共有と支援体制の構築が必要となる。タロウ君については、一時的に帰宅した際や退所後の生活が安全で安心なものとなることを目指して、地域の子どもや家族にかかわる専門職が要対協の会議においてタロウ君の家族をめぐる問題の概括的な把握を行い、タロウ君やタロウ君の両親との信頼関係の構築に向けてともに話しあっていく必要がある。

　タロウ君は個別ケース検討会議のケースとして取り上げられることになった。初回の会議では、タロウ君一家のこれまでの家族歴、タロウ君の状況について情報共有がなされたうえで、タロウ君にかかわる専門職の役割分担が確認された（**表5-2**）。

　バイステック（Biestek, F. P.）は、"援助過程全体"を援助の身体にたとえ、「"援助関係"は魂である[4]」とし、良好な援助関係の形成が、援助過程に生命を吹き込み、援助そのものが展開されていくとしている。

★要保護児童対策地域協議会
要保護児童等に関する情報、その他要保護児童の適切な保護等を図るために必要な情報の交換を行うとともに、要保護児童等に対する支援の内容に関する協議を行う。家庭で暮らす子どもだけでなく、施設から一時的に帰宅した子どもや、施設を退所した子ども等に対する支援に積極的に取り組むことも期待されている。

表5-2　要保護児童対策地域協議会での役割分担の例

役割	主たる直接援助機能	とりまとめ機能	ケースマネジャー機能
役割の説明	日常的に具体的な場面で子どもや家族を支援する機関	個別ケース検討会議の開催等の事務的な作業を行う。	事例全体について責任を負い、危険度の判断や支援計画を作り、進行管理を行う。
主たる担当機関	里親家庭 学校（担任・養護教諭） 児童養護施設（里親支援専門相談員）	要保護児童対策地域協議会事務局	児童相談所

出典：厚生労働省「要保護児童対策地域協議会設置・運営指針」をもとに筆者作成

たしかに、ソーシャルワーカーとクライエントの間の援助関係の構築は非常に重要である。しかし、家族が再び生活をともにし、良好な親子関係のもと自立して生活を送れるようになるためには、さまざまな専門職がネットワークを形成し、見守る体制を構築することも大切である。ソーシャルワーカーには、タロウ君や家族を支える社会資源についてもアセスメントし、支援計画のなかで活用していく視点が求められる。

3 マクロレベル

❶演習課題

児童虐待への対応では、早期発見が重要である。それを踏まえたうえで次の❶、❷について話しあってみよう。

❶　児童福祉司は、地域における虐待の予防や早期発見に向けて、どのようなことができるだろうか。

❷　地域のなかにどのような資源が必要だろうか。

❷解説

児童虐待が発生するリスク要因としては、親の要因、子どもの要因、親子を取り巻く環境の要因などさまざまなレベルで状況を把握することが求められる。虐待は、単一の理由で起こるのではなく、身体的、精神的、社会的、経済的等のさまざまな要因が複雑にからみあって起こるものである。さらに、それらの要因を多く有しているからといって、必ずしも虐待につながるわけではない。少子化、核家族化の進行、経済状況や雇用の変化により、子育て環境は大きく変化している。子どもへの虐待は、どのような家庭にでも起こり得るという認識にたち、子育て支援サービスを充実させることが重要である。

図5-1 は、親子関係再構築支援の種類を示したものである。[5] タロウ君のように分離を経験する子どもは、❶家庭復帰のほか、❷分離のままの親子関係再構築、すなわち18歳になるまで社会的養護の場で生活しながら親子関係の再構築を図る場合や、❸永続的な養育の場、つまり養子縁組などで新しい家族のもとで育っていく場合も想定される。家庭のなかで生じている問題の早期発見は、家族との分離を予防し、❹虐待予防や❺在宅での親子関係再構築を目指すことが期待できる。また、たとえ家庭における養育環境が適切なものでなかったとしても、養育者との分離は子どもにとって大きな傷つき体験となる。できるだけ親子関係を保持していけるよう支援することが重要である。

虐待の発生予防に向けて、たとえば乳幼児健診は親子の様子を、医師、

図5-1　親子関係再構築支援の種類

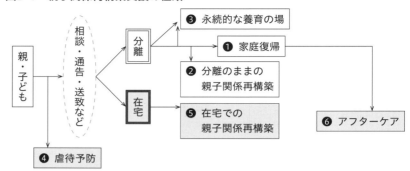

出典：厚生労働省親子関係再構築支援ワーキンググループ「社会的養護関係施設における親子関係再構築支援ガイドライン」p.6, 2014.　https://www.mhlw.go.jp/seisakunitsuite/bunya/kodomo/kodomo_kosodate/syakaiteki_yougo/dl/working9.pdf

保健師等さまざまな専門職が直接目にする機会である。保護者が相談しやすい環境を整備し、相談につながるきっかけとして活用する工夫が求められる。また、緊急性が高いと思われるケースが発見されたときには、チームを結成してより具体的な状況の把握を試みていく必要がある。学校においても、いじめ・不登校などへの対応に加え、虐待の早期発見ができる体制の構築が必要である。教師に加え、スクールソーシャルワーカーやスクールカウンセラーといった専門性のある職員を配置し、それぞれが専門性を発揮できる体制づくりが求められる。さらに、乳幼児期から学童期、思春期にかけて支援が途切れることのないよう保健、教育、福祉の連携が進められることも大切である。

　また、悩みをもつ保護者が気軽に相談できる体制を整備しておくことが必要である。来所相談に加えて電話相談などが体制・整備されていることが望まれる。電話相談は、来所相談とは違い、相談者は名前を名乗らず相談できるため、相談者にとっては来所相談より負担が軽い点が利点として挙げられる。また、近年はSNSの発達に伴い、より気軽に相談できる体制としてSNS相談体制を整備する自治体も広がっている。電話やSNSでの相談は相談者の心理的な障壁が軽減される反面、相手の対応により連絡を切ることができる等の特性がある。そのため、本当は背景に深刻な悩みを抱えて相談してきているにもかかわらず、表面的な相談で終わってしまわないように、また、必要に応じて継続した支援ができるよう対応者には高い専門性が求められる。

　このように、虐待の予防に向けてさまざまな相談体制を整備し、すべての子育て世帯を対象にした支援体制を整備しておくことが求められる。

◇引用文献

1）厚生労働省「児童相談所運営指針」 https://www.mhlw.go.jp/bunya/kodomo/dv11/01-03.html

2）厚生労働省「児童虐待防止対策の強化に向けた緊急総合対策」p.2, 2018. https://www.mhlw.go.jp/content/11900000/000335930.pdf

3）厚生労働省雇用均等・児童家庭局総務課「子ども虐待対応の手引き」p.101, 2013. https://www.mhlw.go.jp/seisakunitsuite/bunya/kodomo/kodomo_kosodate/dv/dl/120502_11.pdf

4）F. P. バイステック，田代不二男・村越芳男訳『ケースワークの原則──よりよき援助を与えるために』誠信書房，p.2，1965.

5）厚生労働省親子関係再構築支援ワーキンググループ「社会的養護関係施設における親子関係再構築支援ガイドライン」p.6, 2014. https://www.mhlw.go.jp/seisakunitsuite/bunya/kodomo/kodomo_kosodate/syakaiteki_yougo/dl/working9.pdf

◇参考文献

・厚生労働省「里親委託ガイドライン」2011. https://www.mhlw.go.jp/stf/shingi/ 2 r98520000018h 6 g-att/ 2 r98520000018hlp.pdf

・野口啓示ほか「里親養育支援の実態とその支援が里親の里親養育支援に対する満足度に与える影響」『社会福祉学』第60巻第 3 号，pp.28-38，2019.

・Bertram, M. B., 'Blaming the Victim', *Social Work*, 39（ 1 ），pp.143-144, 1994.

・Julia, C. S., 'Victim-Blaming : A New Term for an Old Trend', Lesbian Gay Bisexual Transgender Queer Center, 2012.

・厚生労働省雇用均等・児童家庭局総務課「子ども虐待対応の手引き」2013. https://www.mhlw.go.jp/seisakunitsuite/bunya/kodomo/kodomo_kosodate/dv/dl/120502_11.pdf

・厚生労働省新たな社会的養育の在り方に関する検討会「新しい社会的養育ビジョン」2017. https://www.mhlw.go.jp/file/05-Shingikai-11901000-Koyoukintoujidoukateikyoku-Soumuka/0000173888.pdf

・武田建・津田耕一『ソーシャルワークとは何か──バイステックの 7 原則と社会福祉援助技術』誠信書房，2016.

・B. デュボワ・C. K. マイリー，北島英治監訳，上田洋介訳『ソーシャルワーク──人々をエンパワメントする専門職』明石書店，2017.

1　演習のねらいとポイント

1　演習のねらい

　ソーシャルワークの展開過程において、第1節で取り上げた「ケースの発見とエンゲージメント（インテーク）」の段階を経て、「アセスメント」ではケースの情報を収集し、その情報を分析・統合し、次の段階の「プランニング」に向けてクライエントの置かれている状況の全体を把握し、どのような支援が必要かを見定めることが求められる。本演習では、事例を用いて、❶アセスメントの多面性と多層性を理解し、❷ミクロ・メゾ・マクロの各レベルにおけるアセスメントを一体的に捉えることを通して、コンピテンシー（pp.12-16参照）7の「個人、家族、グループ、組織、コミュニティのアセスメントを行う」を身につけることをねらいとする。

2　演習のポイント

・ソーシャルワークの展開過程において、アセスメントは何のために行う必要があるのかを確認しよう。
・アセスメントでは、どのような情報を収集する必要があり、その情報をどのように分析・統合するかを確認しよう。
・ニーズとは何かについて確認しよう。
・アセスメントツールとしてのマッピング技法であるジェノグラムとエコマップの書き方について復習しよう。

2 事例の紹介

1 ソーシャルワーカーが勤める職場、立場

❶小学校のEスクールソーシャルワーカー

スクールソーシャルワーカーのEさんは、首都圏にあるF市の教育委員会からG小学校に学校配置型スクールソーシャルワーカー*として配置され、週に3日（月・水・金曜日）の勤務形態で活動している。F市教育委員会とは有期（1年）の嘱託契約であるが、契約の更新をして、現在はG小学校で4年目となる。G小学校に配置される以前は、F市の別の小学校で3年間活動していた。G小学校では、教職員との連携のもとで、何らかの問題を抱えた児童に対しての相談支援や保護者への働きかけを行い、必要に応じて校内会議等へも参加する。また、教育委員会をはじめとした地域の関係機関等との連携・調整も適宜行っている。

❷国際交流協会のH多文化ソーシャルワーカー

多文化ソーシャルワーカーのHさんは、大学時代からボランティアスタッフとしてF市国際交流協会*の「子ども教室」にかかわっており、また、大学の交換留学生としてオーストラリアの大学に半年ほど留学した経験もある。大学卒業後はF市国際交流協会の嘱託スタッフとして3年間働いたあとに正規職員となり、現在7年目である。

F市国際交流協会は、F市の出資のもとで外郭団体として設置された。主な活動内容は、国際交流および国際理解の促進、外国籍市民への生活支援活動等である。具体的には国際交流のためのさまざまなイベントを開催したり、市民相互の国際理解のための各種講座を開催する等の活動をしている。また、外国籍市民への生活支援活動として、外国籍市民からの日常生活に関する相談支援、市役所等での手続きの際の通訳ボランティアサービス（対応言語は英語・中国語・韓国語・タガログ語・タイ語・スペイン語・ポルトガル語）を提供している。さらに、海外からF市内の小中学校に転入してきた児童生徒に対して、F市教育委員会からの要請に基づきボランティアの「語学サポート」を派遣したり、外国籍

★学校配置型スクールソーシャルワーカー
自治体の教育委員会等から週に〇日等の決められた枠内で特定の小中学校に配属され、児童生徒や保護者への直接支援を中心に活動を行う。教職員への相談活動等の間接支援が中心となる「派遣型」や、特定の学校を拠点として近隣の学校に対しても直接および間接支援を行う「拠点校型」がある。

★国際交流協会
各都道府県に加えて、外国籍住民の多い市町村に設置されており、「国際交流センター」や「国際交流財団」の名称が使われている自治体もあるが、その多くが公益財団法人として設置されている。

第5章 ソーシャルワークの展開過程と関連技法

---

i 石河は多文化ソーシャルワーカーについて「外国人の多様な文化的・社会的背景を踏まえて彼らの相談にあたり、問題解決に向けてソーシャルワークの専門性を活かして継続的な支援を行う外国人相談の担い手である」とし、単に外国人を対象に支援する支援者を指すのではないことを強調している（石河久美子『多文化ソーシャルワークの理論と実践——外国人支援者に求められるスキルと役割』明石書店，p.43，2012.）。

の小中学生を対象に日本語および教科習得を目的とする「子ども教室」を毎週土曜日に無料で開催している。

2 支援対象

首都圏にあるＦ市に在住するインドネシア出身の４人家族（全員がインドネシア国籍）

❶家族構成

父親：ナルハディ（34歳）、母親：マリアナ（32歳）、長女：リナ（7歳、小学2年生）、長男：ハリ（1歳）

❷概要

父親のナルハディはインドネシアの大学を卒業後、日系の自動車関連の工場で5年ほど働いたあとに、工学系の大学院に進学するために3年前に単身で来日した。日本語学校を経て、首都圏にある大学の大学院（修士課程）を修了したあとに、Ｆ市にある大手自動車メーカーの工場で派遣社員として有期雇用の契約で働いている。半年ほど前に家族をインドネシアから呼び寄せてＦ市で一緒に暮らすようになった。長女のリナは、Ｇ小学校に通っている。

3 課題状況とこれまでの経過

Ｇ小学校に半年ほど前に転入してきたインドネシア出身の女子児童リナ（小学2年生）は、転入当初は挨拶以外の日本語がほとんどできなかった。そのため、Ｇ小学校からＦ市の教育委員会に要請がなされ、Ｆ市国際交流協会から日本人ボランティアの語学サポートが派遣されることとなった。語学サポートの派遣前に、Ｇ小学校でボランティア、保護者（父親）、担任・教員らが集まり、女子児童へのサポートの内容について話しあった。その結果、個別での日本語指導を週1日で2時間ほどのサポートを2か月ほど行い、生活に最低限必要な日本語の習得が目指された。その後、少しずつであるがリナの日本語の上達がみられ始めたが、授業の内容の理解はまだ難しかったため、語学サポートの派遣が2か月延長されて、ボランティアが授業の際に同席して担任の話を説明する等の語学サポートを週1日で2時間ほど行っていた。しかし、Ｆ市国際交流協会の定める語学サポートの上限の時間に達したことから、ボランティアの派遣は終了することとなった。現在は、Ｆ市国際交流協会が毎週土曜日に開催している「子ども教室」に通い、日本人ボランティアによるサポートのもとで日本語と教科の学習をしている。

事 例

小学校のEスクールソーシャルワーカー

　G小学校の2年生の担任から、Eスクールソーシャルワーカーにリナに関する相談が寄せられた。担任からみると、リナは、転入当初は言葉の壁により教員およびクラスメイトとのコミュニケーションが困難であり、教室移動や体育着への着替え等にも戸惑っていたが、半年ほどが経った現在は、まだ片言ながらクラスメイトとの日本語での会話も少しずつ増えており、休み時間には校庭等でクラスメイトと笑顔で遊ぶ様子もみられるようになっている。

　一方で心配なこととして、学習面でリナがどれくらい理解しているかがわからない、また、宿題だけでなく、必要な書類等の提出物が提出されないことが多く、最近は遅刻や欠席も目立ち始めている。担任から保護者に何度か連絡してみたが、連絡がとれないことが多く、今後どのように対応していけばいいのかに苦慮しているというのが、担任からEスクールソーシャルワーカーへの相談内容であった。

　Eスクールソーシャルワーカーは、ふだんの様子をよく知っている担任にも同席してもらったうえで、まずはリナの話を聞くことにした。Eスクールソーシャルワーカーはリナの日本語能力を考えて、できる限り平易な日本語を使うように気をつけ、さらに、平仮名による筆談も交えながらリナの話を聞いたのだが、言葉の壁が大きく、リナの話を十分に聞くことができなかった。リナから聞き取れたのは、クラスに友達もできて学校に来るのは楽しいと思っていること、授業は難しいが体育の授業は好きなこと、土曜日に通っているF市国際交流協会の「子ども教室」には父親と一緒に行くこと等であった。Eスクールソーシャルワーカーは、小学校に転入してきた外国籍の児童へのこれまでの支援活動のなかで、F市国際交流協会とはケース会議を開く等の連携を重ねてきた経験があり、G小学校の了解を得たうえで、F市国際交流協会と連携して対応していくことにした。

国際交流協会のH多文化ソーシャルワーカーとの連携

　F市国際交流協会が毎週土曜日に開催している「子ども教室」に小学2年生のインドネシア出身のリナが参加して3か月ほどになる。リナが「子ども教室」に参加するのは毎週ではないが、継続して参加しており、参加する際は父親のナルハディが付き添いで一緒に来ることがほとんどである。父親のナルハディは、日本の大学院を修了したあとに、F市にある大手自動車メーカーの工場で働いていることから、特に問題なく日本語でのコミュニケーションができる。リナがG小学校に転入する際や国際交流協会の「子ども教室」に参加する際の手続き等は、父親が行った。

　先日、H多文化ソーシャルワーカーのもとにG小学校のEスクールソーシャルワーカー

から連絡が入った。「『子ども教室』に通っているリナのことでクラス担任から相談があったため、『子ども教室』でのリナの様子などを聞かせてほしい」とのことだった。Ｈ多文化ソーシャルワーカーは、リナは継続して「子ども教室」に通っており、ボランティアスタッフの指導のもとで少しずつ日本語も上達しているが、まだ日本語の読み書きは難しく、教科の学習にはかなり苦労している様子であるが、日本語を学びたいという意欲は高いこと、また、「子ども教室」に通う子どもたちのなかにリナ以外にインドネシア出身の子どもはいないが、タイやベトナムなどの東南アジア出身の子どもたちも通っており、よく好きなアニメのことなどを楽しそうな様子で話していること、「子ども教室」に来る際は父親が付き添って来ること等をＥスクールソーシャルワーカーに伝えた。Ｅスクールソーシャルワーカーからリナの母親の様子も尋ねられたが、「付き添いで来るのはいつも父親で母親が来たことはなく、リナから、１歳になる弟がいるので、母親はいつも家で弟の面倒を見ている」と聞いたことを伝え、今後については協力して支援していくことを確認した。（※Ｈ多文化ソーシャルワーカーとＥスクールソーシャルワーカー間の情報共有においては、当然のことであるが守秘義務が適用される）

子ども教室での話

　その週にあった「子ども教室」にはいつもと同様に父親が付き添って来たため、リナが「子ども教室」に参加している間に、Ｈ多文化ソーシャルワーカーが父親に妻の様子を聞いてみたところ、「最近、妻の体調がすぐれない」とのことだった。父親の話では、「妻と子どもたちは、半年前に来日する前は妻の実家で両親と同居し、長男の出産や子育て等のサポートを両親から受けながら生活していた。来日後に再び家族で同居できるようになってからは、妻は日本語がほとんどできないなか、１歳になる長男の世話と家事に追われ、最近は妻の体調がすぐれないことが多く、精神的にも不安定で心配している」ということだった。Ｈ多文化ソーシャルワーカーは、次回の「子ども教室」に参加する際に、ナルハディに同席してもらい、妻のマリアナの話を聞くことにして、ナルハディに妻の意向を確認したうえで連絡をしてもらえるように依頼をした。

　翌週に、ナルハディから「妻の体調がよければ一緒に行きたい」との連絡があった。マリアナが来るかどうか心配していたが、その週の「子ども教室」に家族全員でやって来たため、リナが「子ども教室」に参加している間、ナルハディに通訳をしてもらい、マリアナの話を聞いた。マリアナは、長男の世話をしながら次のようなことを語った。「来日する前は実家の両親と暮らしていたため、子育てや家事を手伝ってもらいながら生活できていたが、日本に来てからは、まだまだ手のかかる長男の世話と家のことをひとりでこなさなければならず、息つく暇もないぐらい忙しく過ごしてきた。来日して半年経つのに日本語もほとんど上達せず、日本の生活にも慣れないままであり、近くに友人もいない。ムス

リムであるためヒジャブをかぶっているが、周囲でヒジャブをかぶる人もほとんど見かけないので、週末に家族でスーパー等に買い物に行く際も日本人からの視線が気になる。この1か月ぐらいは体調がすぐれず、気分も落ち込む日が多く、時々ビデオ通話で話す両親も心配している。このまま日本での生活を続けるのは不安であり、インドネシアに帰りたい」と思っているとのことであった。

　ナルハディはこうした思いに対して、「できる限り子育てや家のことに協力しようと思っているが、仕事が忙しくて妻のサポートが十分にできておらず、そのことを心苦しく思っている」と語った。また、長女のリナのことで「G小学校の担任から何度か連絡をもらっているが、日本語能力のこともあり、妻では学校への対応が難しいうえ、自分も平日は仕事があり対応することができていない」とのことだった。「妻には日本語を勉強して少しずつでも話せるようになって、友人をつくるなどして日本の生活に慣れていってほしい。ゆくゆくはインドネシアに帰るつもりであるが、もうしばらくは日本で働きたいと思っている」とのことであった。H多文化ソーシャルワーカーがほかに困っていることはないかと聞いたところ、「ムスリムである自分たちにとって礼拝は欠かせないが、今住んでいる所の近くには礼拝所がないため不便に感じている。都心部にできたインドネシアのモスクには何回か家族で行ったことがあり、そこで知りあったインドネシア人とはつながりがあり、妻も友人ができたことを喜んでいたので、毎週でも行きたいのだが、距離が遠いこともあり月に1回ぐらいしか行けていない」とのことであった。

第5章　ソーシャルワークの展開過程と関連技法

3 ▶ 演習と解説

■1 ミクロレベル

❶演習課題

事例を読み、次の❶、❷について考えてみよう。

❶ 　リナ(小学2年生)がどのようなことに困っているか考えてみよう。外国籍の児童生徒が抱える言葉の面での困難、さらに、そのことによる生活するうえでの困難にはどのようなものがあるか考えてみよう。

❷ 　母親マリアナ、そして父親ナルハディが家族としてそれぞれどのようなことに困っているか考えてみよう。「言葉が通じない」ことは心理的・社会的にどのような影響を及ぼすであろうか、また、自身のルーツとは異なる文化環境で生活することの困難はどのようなものであるか考えてみよう。

　このミクロレベルでは、「演習のねらい」で触れたコンピテンシーに関して、本事例の個人および家族が異文化環境で生活することの困難さについてのアセスメントを行うことが目的である。

①　日本語指導が必要な子どもたちへの支援

　本事例のリナ（小学2年生）は、インドネシアから来日しG小学校に転入してから半年が経った状況である。本事例では、F市国際交流協会からG小学校に派遣されたボランティアによる語学サポートを受けたり、「子ども教室」で日本語と教科の学習を継続して行っているため、リナの感じる言葉の壁は小さくなっているだろうか。親の仕事等の都合で海外で暮らすことになった子どもに対して、子どもは大人より言葉を身につけるのが早く、現地での生活に慣れるのも早いと思われがちであるが、本当にそうであろうか。事例では、リナの日本語の上達に伴い、学校でクラスメイトや教員とコミュニケーションがとれるようになり、転入当初と比べると学校での生活の困り感は減っていると考えられるが、リナがEスクールソーシャルワーカーに語ったように学習面での困難はまだ大きいだろう。

　外国にルーツをもち日本語指導が必要な子どもたちが抱える「困り感」をアセスメントするうえで、言葉の面に関しては、日常生活を送るうえで必要な言語レベルと教科学習に必要な言語レベルは異なることをまず理解する必要がある。そして、日常生活を送るうえで必要な言語レベルをある程度満たしていると思われるような場合でも、自身の感情や思考を日本語で表現できるかどうかは分けて考える必要があり、自身の感情や思考を満足に言語化できないことによるストレスについても理解することが大切である。アセスメントにおいて、そうした「言葉が通じない」ことによるさまざまなストレスが、クラスメイト等の周囲の「環境」との関係性にどのような影響を与えているかについても理解することが必要である。外国にルーツをもつ子どものなかには、クラスメイトや教員等とコミュニケーションがとれず、授業にもついていけずに不登校になるケースも少なくない。そうしたことから、面接等においては子どもが自分自身のことを表現しやすい言語を用いることができるように通訳者に入ってもらうなど、できる限りの配慮をすることが必要である。

②　異文化環境で生活することの困難さ

　本事例の母親マリアナは、父親ナルハディが単身で日本に留学している間、実家の両親と同居し、両親からのサポートを受けながら子どもた

ちと生活していたが、インドネシアから半年前に来日して以降は、日本語がほとんどできないなか、子育てと家事に追われており、最近は体調もすぐれず、精神的にも不安定な状態である。「言葉が通じない」という言語面での困難は、長女のリナが抱える困難と重なる部分もあるが、母親マリアナのような大人の場合には、生活するうえで別の困難を伴う。外国にルーツをもつ人々にとって、在住する国の使用言語を話せない・聞き取れない・読み書きができないという状況は、生活するのに必要なさまざまなニーズを満たすことを困難にさせる。たとえば、日用品の買い物などから、生活に必要な情報の入手や種々の手続きまで、母国語であれば何の支障もない日常的なことが、その国の言語ができないことでさまざまな困難を伴うものになる。本事例の場合は、日本の大学院を修了し、大手自動車メーカーの工場で働いている父親が日本語でのコミュニケーションができるため、長女の小学校の手続き等を特に問題なくできているが、夫婦ともに日本語が不自由な場合には、たとえば、病気やけがで医療機関にかかる際などに相当な困難を伴う。

　そうした言語面での困難に加えて、ソーシャルワーカーとして外国にルーツをもつ人々を支援する際に理解しなければならないことは、自身のルーツとは異なる文化環境で生活することの困難についてである。石河[1]は、多文化ソーシャルワークのミクロ・メゾレベルの援助技術として「クライエントの社会的・文化的背景の尊重」「日本的価値観のものさしに気づく」を挙げている[ii]。

　本事例のインドネシア人家族は熱心なムスリムであるため、義務である1日に5回の礼拝は彼らの日常生活に不可欠なものであり、また、妻がかぶるヒジャブがムスリムの女性にとってどういう意味があるのかといったことを理解しないと、場合によっては彼らの生活習慣や風習、そして大切にしている価値観を軽視してしまうことにつながりかねない。外国にルーツをもつ人々の支援にあたっては、彼らが支援者自身とは異なる価値観や社会・文化的背景をもつ人々であることを理解したうえで、彼らの価値観や社会・文化的背景を尊重することが大切であり、そうした姿勢が彼らとの信頼関係を築く第一歩となる。

　また、そうした外国にルーツをもつ人々を理解するためには、支援者

[ii]　その他の技術として、「クライエントの日本への適応のアセスメント」「クライエントの代弁者となる」「適切な通訳の活用」「ソーシャルネットワークの拡大」「クライエントと社会資源の仲介者」「適切な言語での対応」「連携体制の構築」が挙げられている。

は自らがどういうものさしで彼らを理解しようとしているか、つまり支援者としての「自己覚知」が必要である。自らのものさしは、自分にとっては当たり前であるからこそ意識することは難しい。それゆえに、自らのものさしが外国にルーツをもつ人々にも当てはまるという前提を疑うことなく、彼らを判断してしまいがちである。たとえば、日本では小学生がひとりで、またはグループで登下校するのが当たり前であるが、子どもの安全のために保護者（または代わりの大人）が送迎することが当たり前の国々もある。また、そうした国々の出身の人々のものさしからすると、小さな子ども一人に家で留守番をさせることは虐待と受け取られる可能性がある。自らのものさしがどれほど日本的な価値観に基づいたものであるか、そのことに気づくためには自身とは異なるものさしと相対化するという作業が欠かせない。そうした相対化の作業が、自らのものさしの特徴に気づくきっかけとなり、ものさしは国によって、そして人によって多種多様であることへの理解が促されるであろう。

2 メゾレベル

❶演習課題

F市在住のインドネシア人家族の支援のために、G小学校のEスクールソーシャルワーカーとF市国際交流協会のH多文化ソーシャルワーカーは連携を進めていくことになり、G小学校の担任らも交えてケース会議を開くことにした。

❶ 対象家族とこの家族を取り巻く周囲の「環境」との関係性について考えてみよう。

❷ 対象家族と地域のさまざまな社会資源との関係性についてエコマップを作成して考えてみよう。

❸ 作成したエコマップを踏まえて、対象家族のメンバーのニーズに対してどのような社会資源が必要であるか考えてみよう。フォーマルな社会資源とインフォーマルな社会資源それぞれについて考えてみよう。

❷解説

このメゾレベルでは、「演習のねらい」で触れたコンピテンシーに関して、本事例のクライエントに直接の影響を及ぼすシステムとして、組織やコミュニティについてのアセスメントを行うことが目的である。

ソーシャルワークのアセスメントにおいては、「人」だけに焦点を当てるのではなく、また「環境」だけに焦点を当てるのでもなく、「人」

と「環境」の双方に焦点を当て、両者がどのように作用しあっているかという交互作用に着目する。本事例では、長女リナ、母親マリアナ、父親ナルハディそれぞれと環境との関係性、さらに、家族全体と環境との関係性について見立てていく必要がある。

アセスメントをする際に有効なツールの一つとして、ハートマン（Hartman, A.）が考案したエコマップがある。エコマップは、クライエントとクライエントを取り巻く周囲の環境との関係性を視覚化することで、それまでに得られたさまざまな情報を整理し、クライエントの置かれている状況の全体像を把握するのに役立つ。また、本事例のように関係機関が連携・協働していく際の情報共有にも有効である（**図5-2**）。

クライエントの置かれている状況について包括的にアセスメントするためには、さまざまな視点からクライエントに関する情報を収集し、その情報を分析・統合したうえで、どのような支援が必要かを見定めなくてはならない。本事例では、担任・教員が得ている情報とEスクールソーシャルワーカーが得ている情報、H多文化ソーシャルワーカーが得ている情報を統合することで、クライエント家族が置かれている状況の全体像の把握に向けての一歩となるであろう。さらに、統合した情報を分析するにあたり、ケース会議においてEスクールソーシャルワーカーや担任、H多文化ソーシャルワーカーらが、集められた情報の意味についてそれぞれの視点から分析することは、クライエント家族が置かれ

図5-2　事例の家族のエコマップ

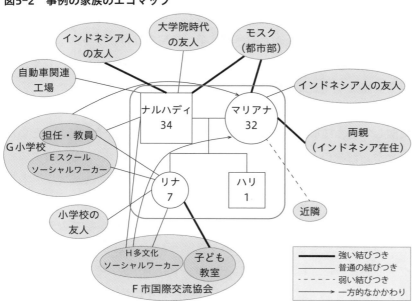

ている状況を一面的に理解するのではなく、多面的に理解することにつながる。

　先述のとおり、多文化ソーシャルワークのミクロ・メゾレベルの援助技術の一つとして「クライエントの日本への適応のアセスメント」が挙げられており、外国にルーツをもつ人々が日本の生活にどの程度適応しているかをアセスメントするうえで、「日本語能力、経済力、サポートネットワークの存在とその質[2)]」について見立てることが必要である。具体的な支援の手立てを考えるプランニングへとつなげるうえで、クライエントの置かれた環境において、フォーマルな社会資源だけでなく、たとえば、外国人当事者によるセルフヘルプ（自助）グループや外国人支援のボランティアグループ、キリスト教の教会やイスラム教の礼拝所であるモスクなどのインフォーマルな社会資源がどれくらい存在しており、クライエントの生活をサポートするのにどの程度寄与しているのかを見立てることは特に重要である。外国にルーツをもつ人々の支援においては、一つの組織による支援のみで事足りることは少ないため、フォーマルおよびインフォーマルな関係組織が連携・協働して、それぞれの支援が及ばない部分を相互補完するためのネットワークをつくることが求められる。

　また、クライエント（家族）のアセスメントをするうえで欠かせないのは、改善が求められる問題や課題だけに着目するのではなく、クライエント（家族）および環境がもつストレングス（力や強み、得意なこと）が何であるかについて目を向けることである。本事例では、たとえば、長女や妻の日本語能力の向上は課題として挙げられるが、長女に関しては、日本語が不自由ながらも学校に通い授業を受け、クラスメイトとの交流も増えるなど少しずつ日本での新しい生活に慣れていることや、国際交流協会の「子ども教室」に継続的に通い日本語習得のために努力していることなどは、長女のもつストレングスといえるだろう。また、妻に関しても、日本語がままならず、頼れる友人等も近くにほとんどいないなか、自身のルーツとは異なる文化環境で2人の子どもを育てるというのは想像以上に大変なことであり、ここまで何とかやってこられたのは妻のもつストレングスといえる。さらに、夫が、日本の大学院の修了後に大手自動車メーカーの工場で働いており、日本語でのコミュニケーションができることは、このクライエント家族にとってのストレングスである。こうした家族それぞれのストレングス、そして家族全体としてのストレングス、さらに、家族が生活する環境がもつストレングス

についての見立てをしたうえで、支援計画を作成することが重要である。

3 マクロレベル

❶演習課題

❶　日本に在留する外国人[*]の現状について調べてみよう。また、外国人の児童生徒の現状についても調べてみよう。

❷　あなたが居住する、またはあなたが在学する大学等のある近隣自治体における在住外国人の現状、小中学校等に在籍する外国人の児童生徒の現状について調べてみよう。さらに、近隣自治体には在住外国人（子どもを含む）のためにどのような社会資源があるか調べてみよう。

❷解説

このマクロレベルでは、「演習のねらい」で触れたコンピテンシーに関して、ミクロおよびメゾレベルの演習課題を踏まえて、読者にとって身近な地域における外国人の現状について把握することが目的である。

近年、日本に在住する外国人の数は増え続けており、2019（平成31）年4月から施行された改正出入国管理及び難民認定法の影響もあり、今後さらに増加することが見込まれている。日本に在住する外国人の現状については、まずは、法務省による「在留外国人統計」を調べてみるとよい。現在の在留外国人数はどのぐらいであろうか、そしてその数は、日本の総人口の何％に当たるであろうか。また、国籍（出身地）別ではどの国が多いであろうか、地域別ではどの地域の出身者が多いであろうか。では、在留資格[*]別についてはどのような内訳になっているであろうか、そしてそれらの内訳は、国籍（出身地）別ではどのような違いがあるだろうか。さらに、それらのデータに関して、過去5年、10年、20年、30年…というスパンで見るとどのような変化があるだろうか。在留資格別を見ると、旧植民地出身者とその子孫がもつ「特別永住者」はそのほとんどを韓国籍が占めているが、その数が年々減少しているのに対して、特別永住者以外の一般永住者は増加傾向が続いている。そして国籍別の在留外国人数では中国が最も多く、次いで韓国、ベトナム、フィリピン、ブラジルとなっている（2020（令和2）年6月末時点）。

---

iii　人材不足を補うために、単純労働分野の14業種を対象として一定の技能と日本語能力のある外国人の就労を認める「特定技能」の在留資格が新設された。「特定技能」は2段階あり、単純作業などの仕事に就く「1号」の在留期間は通算で上限5年までで家族の帯同は認められないが、現場監督等の熟練した技能が要求される仕事に就く「2号」の在留期間は3年、1年または6か月ごとに更新となり、更新回数に制限はなく、家族の帯同も要件を満たせば可能である。

★外国人
出入国管理及び難民認定法第2条第1項第2号では外国人を「日本の国籍を有しない者」と定義している。

★在留資格
2020（令和2）年現在、29種類の資格があり外国人が日本に在留する期間に一定の活動を行うことが可能な「活動類型資格」と、一定の身分や地位を有する者として在留することが可能な「地位等類型資格」の二つに大きく分けられる。前者は、就労活動が認められているものが19種類（「高度専門職」「企業内転勤」「技能実習」「特定技能」等）、就労活動が認められていないものが5種類（「文化活動」「留学」等）、就労が可能かは個々の活動による「特定活動」があり、後者は「永住者」「日本人の配偶者等」「永住者の配偶者等」「定住者」の4種類がある。

また、都道府県別に見ると、在留外国人が多いのはどこであろうか、逆に在留外国人が少ないのはどこであろうか。さらに、都道府県別に在留外国人の国籍・地域別の割合を重ねて見ると、在留外国人が多い都道府県にはどのような特徴があるだろうか。

では、外国人の児童生徒の現状はどうだろうか。外国人の児童生徒の現状については、文部科学省による「外国人の子供の就学状況等調査結果について」を調べてみるとよい。当該調査では、義務教育諸学校に在籍する外国人の児童生徒数や不就学者数、就学促進のための取組状況、日本語指導が必要な児童生徒への指導体制の整備状況等について把握できる。また、日本に在住する外国人の増加に伴い、本事例の長女リナのように日本語指導が必要な児童生徒の数も増加しているが、「日本語指導が必要な児童生徒の受入状況等に関する調査」を調べることで、日本語指導が必要な外国籍の児童生徒数や彼らの母語別の在籍状況、日本語指導の内容、都道府県別の日本語指導が必要な外国籍の児童生徒の学校種別在籍状況等について把握できる。

自身が居住する、または在学する大学等のある近隣自治体における在住外国人の現状、および小中学校等に在籍する外国人の児童生徒の現状について調べるうえで、前述のような、日本における外国人の現状の全体像をまず把握することが重要である。データを通して全体像を把握したうえで、近隣自治体に在住する外国人の現状を調べるとその特徴がみえてくるであろう。近隣自治体に在住する外国人の現状に関して、たとえば、外国人住民の数や国籍別の数等については、近隣自治体が公表している統計データにより把握できるが、彼らの支援につなげるために地域の実態について調べるとしたら、どのようなことを調べる必要があるであろうか。本事例に登場した「国際交流協会」や「国際交流センター」等が近隣自治体にある場合には、どのような活動をしているか調べてみよう。その多くが、国際交流および国際理解を促進するための活動、外国人住民の生活支援のためのさまざまな活動（日常生活に関する各種相談、通訳サービス、日本語学習の支援等）を行っているであろうが、そうした活動を継続的に実施するうえでどのような課題があるかについて調べるために、「国際交流協会」等のスタッフにインタビューをしてみるのもいいだろう。また、外国人住民の支援活動を行っているNPOや

---

iv　同調査において「日本語指導が必要」としているのは、❶日本語での日常会話が困難、および❷日常会話はできても、学年相当の学習言語は身についていないため授業への参加に支障が生じている状況としている。

ボランティア団体がある場合は、どのような活動をしているか調べてみよう。さらに、外国人住民自身による自助組織の活動も各地で展開されているため、そうした自助組織がどのような活動をしているか調べてみるのもいいだろう。それらのことを調べることを通して、近隣自治体に外国人住民を支援するためのフォーマルおよびインフォーマルな社会資源がどれぐらい存在しているのか、そして不足しているのか、さらに、支援を展開するうえでどのような課題があるのか等を把握することができるであろう。

◇引用文献
 1）石河久美子『多文化ソーシャルワークの理論と実践——外国人支援者に求められるスキルと役割』明石書店，pp.106-108，2012.
 2）同上，p.108

◇参考文献
 ・石河久美子『多文化ソーシャルワークの理論と実践——外国人支援者に求められるスキルと役割』明石書店，2012.
 ・日本社会福祉士会編『多文化ソーシャルワーク——滞日外国人支援の実践事例から学ぶ』中央法規出版，2012.
 ・武田丈「日本における多文化ソーシャルワークの実践と研究の必要性（特集 外国人支援とソーシャルワーク）」『ソーシャルワーク研究』第35巻第 3 号，pp.176-188，2009.

第5章 ソーシャルワークの展開過程と関連技法

第 3 節 プランニング

▶ 1 演習のねらいとポイント

■1 演習のねらい

　プランニングとは、「Plan（計画）＋～ ing」からなる言葉で、「計画を立てること」「立案」「企画」などの意味がある。ソーシャルワークの過程においては、エンゲージメント（インテーク）、アセスメントの次がプランニングである。

　クライエントのことがわからない（情報が少ない）なかで、クライエントの希望する（ニーズに沿った）プランニングは難しい。丁寧なプランニングを行うためには、丁寧なアセスメント（情報収集）が必要であり、丁寧なアセスメントをするためには、丁寧なインテークが必要なのである。

　では、ソーシャルワーカーはクライエントの何を「プランニング」するのか。また、どんなことを意識して「プランニング」するのか。本節では、前半でプランニングのポイントとイメージをもち、後半では事例を通してプランニングを経験する。それにより、コンピテンシー（pp.12-16 参照）8 の「個人、家族、グループ、組織、コミュニティに介入する」について、事例を通して身につけることをねらいとする。

■2 演習のポイント

・プランニングの意義、目的について復習しよう。
・プランニングの流れについて確認しよう。
・プランニングを行う際のポイントについて確認しよう。

2　事例の紹介

1　ソーシャルワーカーが勤める職場、立場

❶ J 精神保健福祉士

大学を卒業後、K市にあるL精神科病院に就職した。現在5年目で回復期病棟を担当している。Mさんを担当して6か月となる。

❷ N ソーシャルワーカー

大学を卒業後、L精神科病院に就職し3年勤務したあと、同じ法人が運営する相談支援事業所に異動して5年目となる。

2　支援対象

● Mさん（32歳、男性）

統合失調症の診断を受けL精神科病院に入院中である。未婚。両親は他界し、唯一の兄妹である妹が月に1回差し入れを持って面会に来る。妹は結婚しておりL精神科病院まで車で1時間ほどかかるP市に住んでいる。Mさんは生活保護を受給中で、親族からの経済的援助はない。

3　課題状況とこれまでの経過

Mさんは、中学校を卒業後、土木関係の仕事に就いたが長続きせず、職を転々としていた。2年が過ぎた頃から「誰かが自分の命を狙っている」「常に誰かに見張られている」と言うようになり、実家の部屋に閉じこもるようになった。

両親の勧めで、Mさんは19歳のときにL精神科病院を受診し、統合失調症の診断を受け、そのまま入院することになった。これまで何度か退院に向けて支援が行われたが、両親の病死や妹の結婚など、家族状況の変化のたびにMさんは調子をくずし、入院生活が長引いている。ここ1年は、症状が安定し病棟のデイルームや、病院内で行われる作業療法に参加したり、病院の敷地内を30分程度散歩することを日課にするなど、日常生活はおおむね不自由なく過ごせている。

　ある日、Mさんから担当のJ精神保健福祉士に相談があった。アパートで一人暮らしをしたいという。主治医から退院の許可が出たため、J精神保健福祉士は一人暮らしの経験がないMさんに対してどのような支援が必要か検討することにした。

　J精神保健福祉士は、MさんとMさんの妹との3者で面談を行い、そこでMさんは退院したい気持ちを妹へ伝えた。それを聞いたMさんの妹からは、「反対はしないけれど、私も結婚して、今まで以上に兄のサポートをすることは難しいので、何かあったら…という不安もあります」という返答があった。J精神保健福祉士は、双方の意見を聞いたうえで、「Mさんは一人暮らしをしたい。妹さんはMさんに退院しても落ち着いた生活を送ってほしい、ということですよね。Mさんも無茶をして体調をくずしたくはないと思います。まずは退院後のアパートを探してみて、後日もう一度、相談してみませんか」と提案した。

　さっそく、MさんとJ精神保健福祉士は、退院先のアパートを探したが、なかなかMさんの希望や条件に合う物件がなかった。そのようななか、L精神科病院の法人で、病院近くにグループホームを建設するプロジェクトが立ちあがり、回復期病棟を担当するJ精神保健福祉士もそのプロジェクトメンバーに入ることとなった。Mさんにグループホームについて説明すると、Mさんも「一人暮らしに向けて練習にもなるし、妹も安心するだろうから」と、まずはグループホームへ入居することで話を進めることとなった。

　Mさんはグループホーム利用のために、障害者の日常生活及び社会生活を総合的に支援するための法律（障害者総合支援法）の障害福祉サービス利用の申請をした。また退院後の生活スケジュールについてJ精神保健福祉士は、相談支援事業所のNソーシャルワーカーを交えてMさんと相談を行った。面談時、Mさんは「入院中は毎日やることが決まっていたので、退院したとたんに何もやることがないのは不安です。徐々に料理や掃除、お金の管理などもできるようにならないといけないですね。いずれは仕事に就いて、今まで迷惑をかけた妹に何かお礼をしたいです」と話した。J精神保健福祉士は「退院後も日中活動としてデイケアや作業療法にも参加できますし、病院以外で過ごす場や活動する事業所もあります。グループホームでの生活状況を定期的に確認するための訪問もできますよ」と話すと、Mさんは「家事を誰かに見てもらいながら練習できると安心です」と笑顔になった。Nソーシャルワーカーからも退院後の生活サポートとして利用できるサービスを検討し、後日提案してもらえることになり、Mさんは安心した様子であった。【演習課題❶】

　J精神保健福祉士は、Mさんの退院後のスケジュールを考えるために、Nソーシャルワーカーだけでなく、関係者からもMさんのことについてあらためて意見を聞き、その情報をもとに必要な支援を考えてみることにした。【演習課題❷】

3　演習と解説

1　ミクロレベル

❶演習課題

事例 1 を読み、次の❶〜❸について考えてみよう。

❶　**【演習課題❶】**の時点での M さんに関する主な情報（**表 5-3**）をもとに、今後の目標設定を考え、**表 5-4** に記入してみよう。

❷　グループホームの生活で必要と思われる支援内容（サービスや法制度）を考え、**表 5-4** に記入してみよう。

表5-3　M さんのアセスメントシート

氏名（本人）	M さん（32歳、男性、未婚）
氏名（家族）	妹（両親は他界）
生活歴・職歴	● M さん 中学校を卒業後、土木関係の仕事に就いたが長続きせず、職を転々としている。2 年が過ぎた頃から「誰かが自分の命を狙っている」「常に誰かに見張られている」と言うようになり、実家の部屋に閉じこもるようになった。
	●妹 L 精神科病院まで車で 1 時間ほどかかる P 市に住んでいる。結婚して、M さんのサポートをすることが難しくなっている。M さんの退院に反対はしていない。
心身・判断能力	19歳のときに統合失調症の診断を受け、L 精神科病院に入院している。今は症状が落ち着いており、これまでにも退院の話は出ていた。
暮らしの基盤	・生活保護を受給している。 ・親族からの経済的援助はない。
生活ぶり	・症状が安定し病棟のデイルームや、病院内で行われる作業療法に参加したり、病院の敷地内を30分程度散歩することを日課にしたりしている。 ・日常生活はおおむね不自由なく過ごせている。
人との関係	特に問題なし
本人の目指す暮らし	・アパートで一人暮らしをしたい。 ・料理や掃除、金銭管理などもできるようになりたい。家事を誰かに見てもらいながら練習できると安心である。 ・いずれは働きたい。
面接者の判断・支援方針	N ソーシャルワーカーとサービスを検討中

表5-4　目標および支援内容

アセスメントシートからそれぞれの目標設定を考えてみよう	
長期目標	
中期目標	
短期目標	

グループホームでの生活をイメージして支援内容を考えてみよう	
項目	支援内容：サービスや法制度
料理	
掃除（洗濯）	
買い物	
通院	
服薬	
お金の管理	
入浴	
その他①	
その他②	
その他③	

❸　【演習課題❷】で関係者にそれぞれの意見を確認したところ、次の
ような返答があった。

【関係者からの意見】

・主治医…退院直後は病状の変化が心配なので、週に 1 回は受診して
ほしい。火曜日か木曜日の午前中で調整してほしい。
・病棟看護師…時々服薬を忘れることがあるので、それが心配です。
・作業療法士…生活のメリハリのためにも、退院後も作業療法やデイ
ケアに参加するほうがいいと思います。
・N ソーシャルワーカー…グループホームを利用するのであれば、
世話人がいるので、M さんが希望すれば食事の提供や、ちょっと
した部屋の清掃なども一緒にしてくれると思います。
・生活保護のケースワーカー…退院したとたんにお金遣いが荒くなる
人もいるので、それが心配です。

これらの意見をもとに、M さんの退院後の週間スケジュールを考え、
表 5-5 に記入し、どうしてそのようなスケジュールにしたのか発表し
てみよう。

表5-5　1週間のスケジュール

	月	火	水	木	金	土	日
午前							
午後							
夕方以降							

❷解説

① プランニングの目的

ここでのプランニングの目的は、「M さんの退院後の『生活』のプラ
ンを立てる」ことである。演習課題で挙げた情報以外にも、たとえば、
グループホームにおけるルールの順守や、ほかの利用者や地域住民との
付き合い方などプランニングの対象となる項目は多岐にわたる。

この項目を整理するためにも、M さん本人の意向だけでなく、妹、
関係者のほか、コミュニティにも積極的に介入して意見を聞き、それら
の情報をもとに長期目標・中期目標・短期目標を設定し、目標達成のた
めの具体的な計画を考えることが重要である。その際、M さんは生活

していくうえでどんな生活技能があるのか。ひとりで行うことが難しい場合は、どんなサービスで補うことが可能なのかを見きわめつつ、「各場面」での具体的な支援をプランニングすることとなる。

② 長期目標・中期目標・短期目標の設定

　プランニングでは、クライエントや地域住民が生活課題を解決し、ニーズが充足する状態に向けて目標を設定することが求められる。アセスメントにおいて抽出されたニーズについて、それぞれ望ましい目標を設定し、介入すべき優先順位を、長期目標、中期目標、短期目標として設定する。その際、6W1H（いつ、どこで、誰が、誰に、何について、どのように、何のために）を意識するとよい。

　たとえば、長期目標が「退院して一人暮らしをしたい」だとすると、中期目標は「住む場所を決める」「1か月（1週間）のお金のやりくりができる」などとなり、短期目標は「1週間のスケジュールを決める」「身の回りの掃除や片づけができる」などが考えられる。

③ プランニングのポイント

　以上のことを踏まえて、個々の目標に合わせたプランニングを行う。具体的には、以下の点について考慮することが望まれる。

・全体（本人、家族、関係者）のプランニングをイメージする。
・長期目標・中期目標・短期目標を設定する際には、本人の希望や熱望（ストレングス）を取り入れる。
・目標の緊急性や重要性を踏まえて目標・計画の優先順位をつける。
・目標の優先順位の高いものから、具体的な計画を作成していく。
・本人が支援計画の作成に参加する。
・対象者がわかりやすいよう、日常生活で用いる言葉で記入する。
・目標の設定では、関係者の合意を得る。

　クライエントの抱える多様な課題についてプランニングを行う際には、誰が、何を、どのように、どのタイミングで、という具体的な内容に加えて、時間軸も意識しなければならない。1日、1週間、1か月と、本人の生活の連続性を意識した計画作成が求められる。もちろんプランニングは、「この時点でのアセスメント」をもとにしたプランニングであり、その後変化する可能性があることを利用者や家族、関係機関と共有する。

　ソーシャルワークにおいては、本人や関係者の意向を確認したり、共

有するという介入を通して、支援の仲間を増やすことも意識する。各関係者の意見をまとめていく過程を通して、多面的なつながりをつくり、重層的な支援体制を構築することができる。さまざまな立場の仲間を増やすことで、実際の支援が始まったときに関係者も安心して動くことができるようになる。

　本事例のような精神科医療機関におけるチームアプローチでは、本人や家族、医療・福祉の専門職だけでなく、時には近隣住民など、さまざまな関係者がかかわることもある。そのため、時には、「本人と関係者の意向」が合わなかったり、「本人の意向がみえにくくなってしまう」こともある。そうした場合は、もう一度、本人と話をして、本人の意向を確認したり、それぞれのメリットやデメリット等を検討し、共有することが必要である。

２ メゾ・マクロレベル

❶演習課題

　事例２を読み、次の❶、❷について考えてみよう。

事例２

　　グループホームの建設場所を検討している段階で、候補地に挙げていた周辺の住民からL精神科病院やK市役所に「何か問題が起こったら、誰が責任をとるんだ」「危なくて子どもが外で遊べなくなる」などといった抗議の電話が入った。なかには、自宅のフェンスに鉄条網を張る住民も現れた。そこでL精神科病院では、J精神保健福祉士を中心として、近隣住民への説明会を開くことにした。【演習課題❸】

　　後日開かれた1回目の説明会には30名ほどの住民が参加し、グループホーム建設への不安や反対の声が多く挙がった。医師や看護師、J精神保健福祉士などから、精神障害の特性やサポート体制に関する説明を行ったが、その日の説明会は平行線のまま終了した。

　　J精神保健福祉士は、今後どのように進めればいいか悩み、説明会の振り返りのなかでプロジェクトメンバーに相談した。メンバーの一人から、「K市役所に相談してみてはどうか」という意見があり、さっそくJ精神保健福祉士はK市役所の担当者に相談した。担当者からは「説明会も大切だと思いますが、もともと障害福祉計画のなかに住民懇親会や交流会をするという計画があったので、まずは障害を抱える当事者の方たちと地域住民の方たちが一緒になって、市の障害福祉計画をもとに『住みやすい地域づくり』について考える交流会のようなものを一緒に考えてみませんか」という提案があった。【演習課題❹】

❶　【演習課題❸】の時点で、地域住民には、グループホーム建設につ

いてどのような認識があるだろうか。「賛成派」と「反対派」に分かれて、それぞれ意見を出しあってみよう。

❷ ❶で出た「反対派の意見」を考慮し、自分がJ精神保健福祉士だったら、具体的に、どのように説明会を進めていくか考え、**表5-6**に記入してみよう。

表5-6　説明会の進め方

いつ （時期や回数）	
どこで	
誰が （誰と）	
誰に	
何について	
どのように	
何のために （目的）	

❷解説

　本事例のように、社会福祉施設等を新設しようとするときに、その地域の住民から反対運動が起こり、建設計画がとん挫してしまうような、いわゆる施設コンフリクトは、まだまだ日本では起こり得ることである。そのような状況にソーシャルワーカーが当事者や組織に代わり交渉や仲介、代弁する役割もある。「建設に反対する人たち」という捉え方だけでなく、そこに住む人々の生活を捉え、どのようにその地域に入らせてもらうか、反対する理由（課題）は何かを明らかにしていき、その解決のために地域住民と一緒になって取り組むことが重要である。

　また、ソーシャルワーカーは、介入において多職種（非専門職を含む）間のチームワークとコミュニケーションを重視し、ミクロ・メゾ・マクロのそれぞれのレベルへの介入が必要になることを認識しなければならない。たとえば、クライエントや家族だけでなく、医療や福祉の専門職、学校や警察・消防など、地域のさまざまな関係機関に対して、クライエントの状況や支援の方向性の説明などを行ったり、広く啓発活動の一環として福祉に関する情報の発信を行う機会も増えている。そのような場面では、本演習課題のように６Ｗ１Ｈを意識して計画を具体的にし、

チームで検討・共有したうえで実行することが大切である。また、医療や福祉の専門的知識だけでなく言葉遣いや態度といったコミュニケーションの基礎となる部分にも意識を向けることが重要である。ソーシャルワーカーとして交渉・仲介、代弁する機会の増加に伴い、「どのように伝えるか」という、プランニングした計画をプレゼンテーションする力も求められるのである。この点については近年、「プレゼンテーション」に関する書籍が多く出版されていることから、関心をもって学んでおくとよい。

❸演習課題

【演習課題❹】の状況のなかでK市の障害福祉計画に含まれている以下の三つのテーマから一つ選び、そのテーマを意識した交流会を企画してみよう。また、企画する際のポイントを参考にして考えてみよう（表5-7）。

K市の障害福祉計画に含まれているテーマ
❶ さまざまな障害について市民の理解を育む意識づくり
❷ 障害のある人が安心して暮らしていくための仕組みづくり
❸ 子どもからお年寄りまで世代を超えた交流を育むまちづくり

❹解説

本演習課題では、「地域づくりを考える」というテーマで交流会を企画してもらったが、ポイントは二つある。一つ目は「ソーシャルワーカーは、個人の課題を地域社会全体の課題として捉え介入する」ということである。そのためにソーシャルワーカーは、介入において専門職間のチームワークとコミュニケーションを重視し、よい結果を得るためには学際的、専門職間、組織間の協働が必要になる可能性があることを認識していなければならない。さらに、ソーシャルワーカー自身が社会資源の一つであり、いろいろな立場の人や機関とつながっていくというこ

表5-7　企画する際のポイント

・目的：障害福祉計画をもとに住みやすい地域づくりを考える。
・交流会のテーマ
・開催の曜日と開始時間
・場所
・参加見込み人数と参加者の割合
・イベント開催者の役割
・タイムスケジュールとその内容
・開催に伴う予算

とを認識しなければならない。

　二つ目は、プレゼンテーションを通じて企画者側・参加者側をどのように巻き込むかである。事例2の一つ目の解説にも示したが、専門職として、組織として取り組むときには、それを行う理由を対象者に理解してもらう必要がある。そのためには、どのように理解してもらうか、理解してもらうためにどのように伝えるかというプレゼンテーションの方法が重要なのである。6W1Hを意識して、必要であれば資料の作成も行う。

　ここでのポイントは、2006年に国連総会で採択された障害者の権利に関する条約のスローガンである「私たちのことを、私たち抜きで決めないで（Nothing About Us Without Us）」にある。これは「個人のことを、その本人抜きに決めないで」「地域のことをそこの住民抜きに決めないで」ということである。「支援者だから」「専門職だから」ではなく、「ともに」自分たちの地域を創っていく姿勢をもち続けることが大切なのである。

1 演習のねらいとポイント

1 演習のねらい

　モニタリングとは支援展開状況の把握、ニーズの変化の把握を行い、支援全体の評価を行っていくことで、再アセスメントや支援の見直しにつなげていく実践である。本演習では、自宅退院後の高齢者夫婦の事例をもとに、退院後の生活変化をモニタリングしていく。ソーシャルワーカーは夫と妻という家族関係における相互作用を意識したうえで、それぞれの機能や状態、取り巻く環境要因の変化を的確に捉え、支援内容や生活状態の評価・修正をしていかなければならない。そのため、本演習では夫婦の現状やサービスの機能を評価するとともに、評価を踏まえたうえでどのような修正や変化が必要なのかということを検討していく。演習を通して、コンピテンシー（pp.12-16 参照）8 の「個人、家族、グループ、組織、コミュニティに介入する」、9 の「個人、家族、グループ、組織、コミュニティへの実践を評価する」という力量の形成をねらいとしている。

2 演習のポイント

・モニタリングの意義と目的を確認しよう。
・「エコロジカル・パースペクティブ」と「環境のなかの人」の考え方について復習しよう。
・グループワークの展開過程と留意点について確認しよう。

1　ソーシャルワーカーが勤める職場、立場

●回復期病院勤務の医療ソーシャルワーカー

在宅、社会復帰のための各種サービスの紹介や諸手続きのサポート、退院後の生活に対する相談対応を主業務として行う。

2　支援対象

❶Qさん（80歳、男性）

元会社役員で、妻と二人暮らしである。半年前に脳梗塞で倒れ、3週間の急性期病院入院後、回復期病院へ転院。5か月の入院とリハビリテーションを経て、自宅退院に至る。右半身に中程度の麻痺が残り、床上動作や入浴、排泄等は一部介助が必要な状況である。屋内での生活は妻の介助があれば問題はない。

❷Rさん（75歳、女性）

Qさんの妻である。本人の強い希望もあり、自宅内での軽介助を含めたQさんの世話をすべて行っている。肺結核後遺症により肺活量が少なく、ここ数年で少しずつ息苦しさを感じるようになってきている。

3　課題状況とこれまでの経過

医療ソーシャルワーカーは、Qさんが急性期病院から転院してくる際に調整を行い、その後も退院に向けた相談を行ってきた。Qさんは、回復期入院中に介護保険の申請を行っており、要介護2の認定を受けた。自宅退院時には、本人と相談のうえ「リハビリテーションを続けながら、本人のできることを増やしていく」ということを短期目標に据え、週2回の通所リハビリテーション（医療ソーシャルワーカーが勤務する病院に併設された事業所）と月2回の訪問看護を介護保険サービスとして利用することとした。入院中Qさんは、「リハビリテーションを頑張って早く元気になり、夫婦で行っていた民生委員活動に復帰したい」という気持ちを医療ソーシャルワーカーによく語っていた。

事例 1

　サービス利用を開始して 2 週間、Q さんの退院後の様子を確認するために、医療ソーシャルワーカーは通所リハビリテーション事業所に連絡をとった。その際、担当者から、「Q さんは、リハビリテーションでは歩行距離や筋力の目標値を設定し、目標達成に向けて取り組んでいる。ただ、Q さんは頑張りすぎる傾向があるので理学療法士（PT）がリハビリテーションを止めに入る場面もあるほどである。一方で来所当初はほかの利用者に声をかけ社交的な面を見せていたが、最近はかかわろうとしない。表情も乏しくなり、送迎時に迎えに出てきた妻の R さんに『構わなくていい』と声を荒げる姿を見た」という報告があった。また、訪問看護師からは、「Q さんの状態は安定しているが、妻の R さんの顔色が悪く体調がすぐれない様子であり、受診を勧めているが『夫を放っておけない』と頑なな態度を示している」という報告を受けた。

　後日自宅訪問をし、夫婦と面談したところ Q さんは、「早く元気になりたい。妻にはよくしてもらっているが、妻の体調が心配。リハビリテーションも頑張っているが、なかなかよくならないことが辛い」ということが語られた。「随分お元気になられましたよ」と声かけをしたが、「そんなわけがない」とうつむき加減に Q さんはつぶやいていた。また、R さんに最近の様子を尋ねたところ「至らない点はあるかもしれませんが、夫の身の回りの世話はある程度できていると思います。少し息苦しいときがあるけれど、私の体調も心配ありません」との返答であった。しかし、その顔色は悪く、呼吸もやや浅い印象を受けた。時折、民生委員仲間が Q さんを見舞いに来ているようであるが、「こんな姿を見せたくない」と Q さんが面会を拒否しているとのことであった。

　その後、通所リハビリテーション事業所の職員から医療ソーシャルワーカーに、「隣接する地域交流スペースで『家族介護者交流会』を始めようと思っているが、参加希望者で思い当たる人はいないか」との問い合わせがあった。R さんに参加を提案してみたところ、「自宅で介護する技術などをぜひほかの人から聞いてみたい」という申し出があり、参加する方向で調整を行うことになった。

3　演習と解説

1 ミクロレベル

❶演習

　事例 1 を読み、次の❶、❷について考えてみよう。

❶　Q さんが脳梗塞で倒れる前の生活と倒れたあとの生活を比較しつ

つ、その変化のプロセスにおいてもたらされた夫婦の心理的側面、身体的側面、社会的側面への影響、生じた変化について整理してみよう。

❷　Ｑさんが今のままの生活を続けていくことで発生する（あるいは発生している）リスク（Ｑさんの生活や尊厳をおびやかす危険性）について検討してみよう。

❷解説

　モニタリングはできるだけきめ細やかに実施されることが求められるが、そのタイミングはケースの状況によって異なる。心身の状態が安定し、大きな変化が想定されない場合であれば、１か月に１回程度のモニタリングでもよいかもしれないが、今回の事例のようにはじめてサービスを利用する場合や、利用者の生活に大きな影響を与えるライフイベントなどが発生した場合などは、できるだけ細やかにモニタリングを実施することが求められる。また、モニタリングは単一の専門職のみで実施するのではなく、さまざまな関係者の視点から変化や新たな気づきを得ることが重要となる。そのため、ソーシャルワーカーは日頃からその人の生活にかかわる人々、機関と関係性を構築しておき、個人情報の取り扱いに注意を払いながら必要な情報が集められる体制を整備しておかなければならない。特に、家族は近しい関係から本人の様子を観察することができ、変化に気づきやすい重要な立場にある。しかし、今回の事例のように家族自身が状況の変化や現状に当事者と同様に悩んでいる場合、冷静に変化に気づくことは難しくなる。そのため、ソーシャルワーカーはモニタリング時においても、利用者本人やその家族とも丁寧な援助関係を構築して状況把握に努めるとともに、それぞれに対する実践評価を的確に行うための力量形成が求められる。

　モニタリングを行う際の指標としてまず検討すべき内容は、「支援計画」である。支援計画には各サービスの具体的内容やサービスごとの目標、支援全体の長期目標・中期目標・短期目標が記載されている。モニタリング時には、計画通りサービスが実施されているかを確認すると同時に、サービスや社会資源とニーズがミスマッチを起こしていないか、生活の変化に伴い新たなニーズや課題が発生していないかということを、多角的な視点から検討することが求められる。また、これまでの生活歴における本人や家族の状況と現在の状況を時系列的に整理することにより、評価や新たなニーズの見立てにつなげることもできる。事例では直接的には語られていないが、入院前のＱさんは夫婦で民生委員として地域で活動するなど、社会貢献の意識や社会参加への意欲が高いこ

とが推察される。しかし、その前提で現在の夫婦の生活をみたとき、社会参加の機会は減少し、夫婦の心境に何らかの影響が及んでいる可能性が考えられる。このように時系列で事例を整理しつつ、変化を伴う事象後のプロセスで心理的、身体的、社会的側面がどのように変容したのかということを評価していくこともモニタリングには求められる。

　モニタリングを介してニーズと社会資源のミスマッチに気づいた際には、再度アセスメントを展開し、新たな支援計画や支援目標を設定する必要がある。こうしたずれは本人や家族の生活機能の維持や向上を阻害するだけでなく、新たな生活課題を生み出しかねない。事例では、妻であるRさんの健康状態への不安が払しょくされないままであり、今後妻が入院等に至った場合、Qさんの生活に与える影響は大変大きくなる。モニタリングではこれまでの支援経過を振り返るだけでなく、モニタリングで得られた情報をもとに本人や家族等の今後のリスクまでをも予測し、**リスク管理**として未然に防ぐあるいは早期に発見するという視点をもって取り組まれなければならない。

２ メゾレベル

❶演習──準備期～開始期

　事例2、3を読み、次の❶、❷について考えてみよう。

事例2

　Rさんは、通所リハビリテーション事業所に隣接する地域交流スペースで立ち上げ予定の家族介護者交流会に参加することになった。生活環境の変化に伴い現在の心身の状態はかなり厳しい状況にあるにもかかわらず、本音やニーズが表出されず潜在化してしまっている可能性が高い。医療ソーシャルワーカーは、交流会でRさんがピア（仲間）と出会うことにより思いを言語化し、グループの力を借りて自らのニーズと向きあうことで今後の支援に新たな展開がもたらされることを期待した。また、同じ境遇にある者同士が自らの思いを共有し、情報交換できることで、それぞれのメンバーの課題解決にもつながるのではと考えた。

　そこで、通所リハビリテーション事業所の職員に依頼し、交流会参加のニーズがありそうな家族介護者と面談を行い、医療ソーシャルワーカーが交流会のグループワークを担当することとなった。

　Rさん以外の参加予定者は次のとおりである。

- Sさん（75歳、女性）…夫の介護を行っている（3年間）。自身も右手に軽度の麻痺があり、介護継続に不安がある。
- Tさん（55歳、女性）…義父の介護を行っている（3年間）。介護が大変で、義父に施設に入ってもらうことを検討している。
- Uさん（78歳、女性）…夫の介護を行っている（7年間）。気分転換と情報共有のために参加した。
- Vさん（60歳、女性）…父親の介護を行っている（10年間）。気持ちを共有できる仲間を求めて参加した。
- Wさん（80歳、男性）…妻の介護を行っている（1年間）。妻が最近認知症となり困惑している。

❶　交流会のなかで表面化されてきそうなテーマ（会話の話題として出てきそうなもの）として考えられるものを検討してみよう。また、医療ソーシャルワーカー（32歳、未婚）は、参加者からどのようにみられているか考えてみよう。

事例3

　交流会初日、医療ソーシャルワーカーは茶菓子を準備してメンバーを待った。メンバーが集まった段階で、会場の設営を参加者の協力を得て行うようにした。メンバーとともに医療ソーシャルワーカーが机といすを並べていたところ、Tさんから「若いと体力があっていいですね。ところであなた、結婚されているの？」と唐突に声をかけられた。「いいえ、結婚しておりません」と返答したところ、Tさんは「そう」と素気なく応え作業に戻っていった。

　机といすを所定の位置に並べ終えたところであらためて着座を促し、交流会の目的が「介護を通してふだん感じていることや、苦労している点を共有し、意見や情報を交換することで今後の生活に役立つ考え方をもち帰る」というものであること、交流会は合計10回開催され、各回は1時間で終了することを伝えた。まず医療ソーシャルワーカーが自己紹介を行い、メンバー間で簡単な自己紹介をしてもらった。しばらく自由に会話してもらったあと、交流会の開催曜日や今後のスケジュール、当日の役割分担などの確認を行い、初回交流会を終えた。

❷　交流会の会場設営をメンバーに手伝ってもらうことにした医療ソーシャルワーカーのねらいは何か考えてみよう。また、Tさんはどのような気持ちで医療ソーシャルワーカーに質問してきたのか、その意図を推量してみよう。

❷演習──作業期

事例4を読み、次の❶～❸について考えてみよう。

> 事例4

　初回交流会以後、「最近あったよかったこと、新しい発見」などを題材に交流を進めてもらった。Uさんが自発的に話題提供や交流の進行を行っていたので、医療ソーシャルワーカーは司会進行をUさんに任せることとした。Rさんも発言こそ少ないが、空き時間などはSさん、Wさんと雑談を交わすなどメンバー間の交流も生まれてきている様子である。

　4回目以降の交流会では「家族介護者として困っていること」をそれぞれ語ってもらい、困っていることに対してメンバーが各自の考えや体験を伝えていくこととした。Rさんの順になり、Rさんからは「自分の体調がよくないとき、介助をすることがすごく不安です。けがをさせてはいけないという思いもあり、一日中気が抜けないため、自分の体調管理がとても難しいです。皆さんはどうですか」という意見が出された。この発言に対しTさんから「ほかにもしなければいけないことがあるなか、相手のことを考えると気が抜けないという気持ちはよくわかります。Rさんの息抜きも兼ねて、ショートステイを利用してみてはどうでしょうか」という発言があった。この発言に対してRさんは興奮気味に「息抜きをする気はありませんし、自分だけ楽をしようという思いは私にはありません！　私がもっと夫の体調管理ができていればあのような不自由な体にならなかったはずなんです。そのうえ私が体調不良で世話を放棄するなんて、夫に申し訳なさすぎます」と言って言葉を詰まらせた。しばらく沈黙が続いたあと、Wさんから「Rさんの気持ちはわかるけどね、体調をくずして倒れてしまったら旦那さんの生活はどうなるの。それに、倒れてしまったRさんを見たら旦那さんも悲しむと思うよ。一人で抱え込まないで誰かを頼ってみて。私たちもそうしているのだから」とRさんに声がかけられた。また、Sさんからも「一人で頑張りすぎちゃだめよ」と発言があった。その話を聞いたRさんは涙を流しながら頷いていた。

❶　Tさんはどのような気持ちで発言をしたのか、またRさんの発言を受けてどのような気持ちになったのか考えてみよう。

❷　Tさんの発言のあとに声かけを行うのであれば、医療ソーシャルワーカーはどのような声かけを行うべきか検討してみよう。

❸　Rさんの発言からどのような気持ちやニーズ、心境の変化がくみとれるか検討してみよう。

❸演習──終結期

事例5を読み、次の❶、❷について考えてみよう。

　交流会は 10 回目を迎え、6 名のメンバー全員が最終回に出席した。医療ソーシャルワーカーから各自に感想を求めたところ、以下の感想が挙げられた。

R さん：皆さんとお話しするなかで、自分が何に苦しんでいたのかわかりました。たくさんのご助言をいただきありがとうございました。

S さん：不安に思っていることを共有でき、みんな同じように悩んでいるんだなと思えると、少し安心できました。

T さん：義父に対する介護の気持ちが少し変わりました。義父は面倒見のよい人で、これまで私もよくしてもらいました。大変だけど、もう少し介護を続けてみようと思います。

U さん：補助具や介助の仕方など、知らなかったことをたくさん知ることができました。何より久しぶりにたくさんおしゃべりができて楽しかったです。

V さん：皆さんのご苦労を聞きながら、あらためて「私も 10 年間よく頑張った」という気持ちが湧いてきました（冗談めかして）。

W さん：介護経験が浅く最初はなじめるか不安でしたが、素敵な仲間に恵まれて本当によかったです。

❶　各自の感想から、グループワークが個人の態度や考え方にどのような変化をもたらしたのか考えてみよう。

❷　そのうえで、グループワークがもたらした効果をメンバーにフィードバックするための「医療ソーシャルワーカーからの最後の挨拶」を考え、発表してみよう。

❹解説

　グループワークの支援プロセスは、大筋において個別支援と同様であり、関係づくり、状況の把握による課題検討、目標の明確化、目標達成のための計画作成、計画の実行、評価という流れをとる。しかし、グループワークにおいてはその支援に「グループ」を用いることから、一定の独自性をもっているものと理解する必要がある。グループワークの展開過程については一般的に**図 5-3** のように理解されている。もちろん、すべてのグループにおいてこのとおりのプロセスでグループワークが展開されるわけではない。四つの段階が必ず備わっていなければグループワークとはいえないというわけではないが、展開過程に合わせてソーシャルワーカーとしての行動や技術を整理しておくと臨機応変な対応が可能となる。

図5-3　グループワークの展開過程

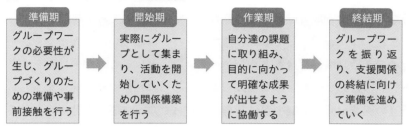

① **準備期**

　準備期において、ソーシャルワーカーが取り組むべき内容はグループを構成する対象者と予備的接触をもちながら、専門職として介入していく準備を行うことである。グループを構築する前に、まずは参加メンバー個々の情報を集め、参加動機や個人の価値観などを整理しておくことで、グループとして集まったときにどのような役割が期待できるか、あるいはグループ形成を阻害する要因や配慮すべき事項についてあらかじめ準備することができる。このことについてコノプカ（Konopka, G.[1]）はグループワーク実践の原則の一つとして個人とグループを個別化することを挙げており、個々人を正確に理解するためにメンバーごとの相違点を個別に把握すること、グループ形成後も個人とグループのたえざる個別化を通して、独自性を把握することの重要性を指摘している。

　また、ソーシャルワーカー自身が、集まるメンバーからどのようにみられている可能性があるかということを自覚しておくことも大切である。グループワーク内での相互作用には、メンバーだけでなくソーシャルワーカーの存在も影響を及ぼすことになる。あらかじめ、ソーシャルワーカー自身がどのようにメンバーからみられているのかということを自覚しておけば、メンバーから投げかけられるメッセージを敏感に受けとめ、自身の行動がグループに及ぼす影響を考慮して活動を展開することができるのである（波長合わせ[*]）。

② **開始期**

　開始期にソーシャルワーカーに主として求められる取り組みは、支援関係の構築とグループ形成支援である。支援関係の構築においては、ソーシャルワーカーがグループワークを介してどのような支援を目指しているのか、その過程においてどのような役割を果たすのかということを示す必要がある。今回の事例であれば、医療ソーシャルワーカーは最初の自己紹介で自らの役割や仕事の内容をわかりやすく伝える必要がある。単純な自己紹介ではなく、参加者の属性やグループの目的に合わせ

★ **波 長 合 わ せ**
（tuning-in）
グループに集まってくるメンバーに対して、あらかじめメンバー個々の状況や考え方、ニーズや感情等に関する情報を収集しておき、理解しておく実践。この実践を通して、グループワーク場面で表面化する可能性がある課題について、予測を立てておくことができると、その後の運営もしやすくなる。

た内容にする必要があり、どのような内容であれば伝わりやすいか、自分ならどのような自己紹介を行うのかをぜひ検討してみてほしい。

　また、グループとして集められたメンバーはお互いに面識がなく、相互の考えや立場、背景もよくわかっていないということが少なからずある。そのためソーシャルワーカーには集められた個々が関係性をもち、相互の興味や関心を緩やかに共有しながらグループ感情を芽生えさせられるように支援することが求められる。グループワーク実践の原則でもメンバーが問題解決の過程に参加することができるように支援する必要性が示されており、グループへの関心を高め、参加意欲を促す支援が重要とされている。具体的には、メンバーがリラックスしやすい雰囲気づくりとして事例のように茶菓子のセットなどを用いたり、堅苦しい雰囲気にならないようにアイスブレイクを導入することも有効である。また、開始期においては、メンバーの意識がソーシャルワーカーに集中し、グループの中心人物として扱う傾向がみられるため、自己紹介時や意見交換の際にはあえてグループの輪から離れ、メンバー相互での交流が活発化するように工夫する必要がある。

③　作業期

　作業期ではグループ感情も高まり、メンバーのエネルギーも目標に向かって注がれ始めるが、その反面衝突等の出来事も生じやすい。また、グループ化が図られ、孤立してしまう者も出てくるためグループの構造やメンバー間の関係性に気を配る必要が出てくる。今回の事例でも、グループワークを経てRさんが自身の思いを吐露できるようになるなど成長や変化が生じているが、その結果Tさんとの間にわだかまりが生じそうになっている。コノプカはこうした状況において、グループ内に生じた緊張や不安の状態を葛藤とし、メンバー間での助けあいや気持ちを緩和するための働きかけで葛藤解決していくことの重要性を示している。また、こうした葛藤を解決するための取り組みや、感情の共有という経験を介して成長を促していくことをソーシャルワーカーとして支援していかなければならないとしている。[2]

④　終結期

　グループワークにおいて目標の達成がみられたとき、あるいは所定の回数や時期を迎えた際にグループワークは終結となる。終結期においては、グループを終結に向けてリードしていくとともに、グループワーク全体を通しての評価を行っていくことが求められる。終結を迎えるにあたり、メンバーが成果をまとめ、実感する時間の確保や、感情の整理を

行うための準備を進めていかなければならない。事例ではメンバーに感想をまとめてもらい、その感想を共有してもらっている。メンバーによっては、これまでを回顧した内容や、簡単な感想を述べるにとどめる者もいるかもしれないが、グループワークを介して得られた成長や成果は個々に生じているため、ソーシャルワーカーによる焦点を絞った質問や、感想等の内容から成果や成長を要約することで評価を促すことも必要である。

3 マクロレベル

❶演習

事例 6 を読み、次の❶、❷について考えてみよう。

事例 6

> Q さん夫妻の在宅生活を心配していた民生委員から生活支援体制整備事業における第二層協議体に Q さん夫妻のことで相談がもち込まれた。旧知であった民生委員は R さんと偶然出会った際に、これまでの経緯と、Q さんが訪問看護と通所リハビリテーションを利用するようになったこと、R さんが夫の介助で外出する機会がなくなったという話を聞いたとのことであった。Q さん夫妻の事例だけでなく、この地域には家族介護者が介護を抱え込んでいる事例や、介護を機に外出機会が少なくなった高齢者の事例が散見されていたため、協議体で Q さん夫妻の事例をもとに地域で何かできないか検討を行うこととした。

❶ Q さん夫妻と同じような状況にある人々の今後の生活を考えるうえで、「あったらいいな」と考えられるサービスや支援を、既存のサービス枠組みにこだわらず考えてみよう。

❷ その際にどのような人たちを巻き込めばサービスや支援が実現するか検討してみよう。

❷解説

モニタリングを行っていく過程において、ニーズと社会資源のミスマッチや不足を認識したのであれば、ソーシャルワーカーはそれらの改善に向けて、個人、家族、グループ、組織、コミュニティに介入することとなる。そのため、モニタリングで得られた情報を根拠とし、交渉や仲介、企画等を行う力量形成がソーシャルワーカーには求められる。軽微なサービス内容の修正や対応策の変更を依頼する程度のものから、組織やコミュニティ、行政組織の変革を求め協力と合意を求める社会資源開発まで、ソーシャルワーク実践の範疇は広いことを認識しておく必要がある。今回の事例の場合でも、現行の制度では対応しきれないニーズ

に対して地域の社会資源が柔軟に反応することにより、充足に至る可能性がある。ソーシャルワーカーに大切なことは、既存の社会資源やサービスに適合するニーズを扱うのではなく、ニーズに即した社会資源を調整・開発していくという姿勢であり、モニタリングはそうした気づきをもたらしてくれる重要な介入であることを意識して実践に取り組んでもらいたい。

◇引用文献

1）G. コノプカ，前田ケイ訳『ソーシャル・グループ・ワーク──援助の過程』全国社会福祉協議会，p.231, 1967.
2）同上，p.233

◇参考文献

・黒木保博「第6章 グループワークの援助過程とワーカー行動」大塚達雄・硯川眞旬・黒木保博『Minerva 社会福祉基本図書1 グループワーク論──ソーシャルワーク実践のために』ミネルヴァ書房，1986.

支援の終結と結果評価、アフターケア

1 演習のねらいとポイント

1 演習のねらい

　ソーシャルワークにとって終結の段階をどう迎えるかは、今までの支援における実践（クライエントの成長や変化）を次につなげるために重要な段階である。また、ソーシャルワーカー自身が自分の実践を評価して次に活かすことが今後のよりよい実践を生むことにつながる。ここでは、評価を次につなげることに主眼をおいた演習を通して、コンピテンシー（pp.12-16参照）9の「個人、家族、グループ、組織、コミュニティへの実践を評価する」ことの大切さを理解することをねらいとしている。

2 演習のポイント

・ソーシャルワークの展開過程における、終結の段階で大切なことを振り返ろう。
・結果評価、アフターケアについて確認しよう。
・ソーシャルワークの実践では、ミクロ・メゾ・マクロのリンクを意識することが大切である。それぞれの視点における実践のポイントを復習しよう。

2 事例の紹介

1 ソーシャルワーカーが勤める職場、立場

❶ A市教育委員会

　人口30万人の都市に設置されたA市教育委員会は、小学校33校、中学校11校を管理している。4人のスクールソーシャルワーカーがおり、1人当たり小学校8～9校、中学校2～3校を担当している。

❷Bスクールソーシャルワーカー

　A市教育委員会に所属するBスクールソーシャルワーカーは、この教育委員会のスクールソーシャルワーカーとして勤務して3年になろうとしている。教育委員会に勤務してすぐにCさんを担当した。

2 支援対象

●Cさん（中学3年生、女性）

　Cさんは、入学してからバドミントン部に入り、友人との関係も良好で成績もよかったが、中学1年生の夏休みから学校に行くことができなくなっていた。Cさんは、父親、母親、Cさんの三人家族で、母親は、Cさんが小学3年生の頃に統合失調症を発症し、一度入院をしたことがある。Cさんが中学に入る頃には症状も落ち着き、入学式も父母そろって出席をするなど体調がよいときには外出もできており、体調や気分の波がありながらも、少しずつ家事にも取り組めるようになっていた。

3 課題状況とこれまでの経過──BスクールソーシャルワーカーとCさんとのかかわりおよび学校内での取り組み

　Bスクールソーシャルワーカーは、教育委員会に勤務した初年度からCさんのケースを担当することになった。

　教育委員会が校長から連絡を受けたのは、Cさんが中学1年生の2学期を終えようとしている頃だった。Cさんの父親は、母親の病気のことを学校に申し出ており、保護者会の出席やPTA活動などが難しくなる場合もあることを伝えていた。「母親の精神疾患に配慮が必要な家庭」であり、Cさんが学校に来ることがなくなってから、学校は対応の仕方がわからず、苦慮していた。Bスクールソーシャルワーカーは、子どもを主体とする実践をするためには、両親との信頼関係形成は不可欠だと考え、ゆっくりと丁寧に家族全員と関係性をつくることに努めた。母親は病気のために家事がおっくうになることや、体調や気分に波があること、家族に迷惑をかけていることにつらさを感じていた。Cさんが学校に行かなくなってしまったのは、自分の病気のせいなのではないかととても気にしていた。父親は、仕事も家事もできることをこなし、家族を支えようと奮闘していた。

　CさんはBスクールソーシャルワーカーが家庭訪問をするようになって少ししてから、ぽつりぽつりと母親の病気が発症したときのことや、

それからもずっと心配している気持ちなどを話してくれた。なぜ学校に行けないのかはCさん自身もわからなかった。Bスクールソーシャルワーカーは、焦ることなくゆっくりCさんとやりたいことを見つけ、それを実現できるようにサポートした。

Cさんとのかかわりを続けながら、Bスクールソーシャルワーカーは学校内でも支援体制の構築を心がけた。まず、Bスクールソーシャルワーカーは、Cさんの今までの学校生活のことを知りたかったため、Cさんのことを知っている教職員と会議を開きたいと依頼をした。会議の目的は、情報収集とその後の情報共有の方法、Cさんに対する今後のかかわり方の見立ての共通理解のためであることを事前にきちんと伝えた。担任からは、「いつ頃登校できるようになりそうですか。あんなに明るく学校に通っていたのに、心配でたまりません」と話があった。Bスクールソーシャルワーカーは「急いで登校に結びつけるのではなく、ゆっくりかかわりながらまずはCさんと関係性をつくらせてほしい」と伝え、関係する教職員一人ひとりから丁寧に理解を得る努力をした。学校行事のお知らせなどはBスクールソーシャルワーカーからは行わずに担任がするなどの役割分担も行った。

その後は、会議で決まったように、Cさんの対応をした際には、担任と密に情報共有を図ることを心がけた。さらに、精神疾患について学びたいという中学校の要望に応えて、養護教諭とともに精神疾患についての研修会を実施した。

事例1

Cさんは、徐々に元気を取り戻し、中学2年生の2学期になると市の適応指導教室に行くことにした。**表5-8**の「3」にある無料の勉強も続け、そこから子ども食堂にもつながり、夕食を食べに行くようになった。Bスクールソーシャルワーカーは、勉強の場や子ども食堂でCさんとのかかわりを続けた。

中学3年生になると手に職をつけたいと、もともと好きだった調理師の免許がとれる高等学校を見つけ、受験することを決め、見事合格することができた。合格の知らせを聞き、Bスクールソーシャルワーカーはともに喜び、高校入学前に会う約束をした。

表5-8　BスクールソーシャルワーカーとCさんが取り組んだこと

目標：心配なことを取り除き、これからのことを考えることができるようになる。	
Cさんのやりたいこと（計画：P）	**一緒に取り組んだこと（実行：D）**
1　母親の病気のことを知りたい Cさんは小学校の頃から母親の病気のことを心配していた。両親はCさんに病気のことを隠してはいなかったが、しっかりと説明もしていなかった。	BスクールソーシャルワーカーとCさんは市の図書館に行って、病気のことを一緒に調べた。子ども向けの本があることや、病気のことが心配なときはメールで相談できる場所があることを知った。
2　バドミントンをやりたい Cさんはせっかくバドミントン部に入ったのに、部活にも行けなくなってしまったことを残念に思っていた。	Bスクールソーシャルワーカーと一緒に公園でバドミントンをした。その後、市内に小学生から大人まで一緒にバドミントンができるクラブ（集まり）があることをBスクールソーシャルワーカーが見つけ、少し遠い場所だったが、Cさんが中学2年生になるときにそのクラブに入会することにした。小学生の面倒をみたり、大人からバドミントンを教えてもらったりと、Cさんにとって楽しめる場所となった。
3　勉強の遅れが心配 学校に行かなくなったことで、勉強が遅れることがCさんはとても心配だった。塾に行くことも考えて、体験クラスに行ってみたが、ぴりぴりした雰囲気になじめなかった。家庭教師は、家に人が来ると緊張をしてしまう母親のことを気にして頼まなかった。	市内にはいくつか困窮世帯の子どもを対象に学習支援教室が開催されている。Cさんは、生活保護を受給している等、いくつかある世帯の収入に関する基準には当てはまらなかった。Bスクールソーシャルワーカーが、ある学習支援を開催している団体に学校に行っていない中学生が勉強できる場所を探していることを相談すると、学習支援の開催日とは別日に無料で勉強を教えてくれる時間をつくってくれることになった。

3 演習と解説

1 ミクロレベル

❶演習課題

　Bスクールソーシャルワーカー役とCさん役に分かれて、終結のための面談を実施してみよう。下記のことを事前にグループで考えてみよう。

❶　Cさんの成長を振り返るための質問

❷　Bスクールソーシャルワーカーが自身の実践を振り返るための質問

❸　終結にあたってのCさんとBスクールソーシャルワーカーの感情

❹　アフターケアの方法と、面接のなかでの伝え方

❷解説――援助関係の終結と評価

　終結とは「個々のソーシャルワーカーとクライエントとの関係を正式

に終了させるプロセス[1]」であり、効果的な終結は、クライエントが自身の達成したことを認め、自信を養い、「将来の飛躍への足掛かり」ともなる支援のプロセス全体の成否を左右する大切な段階である[2]。この終結をクライエントにとって意味ある次のステップにつなげることは、ソーシャルワーカーの大事な責務である。

　よりよい終結にするために、終結におけるクライエントとソーシャルワーカー自身の感情を吟味することが求められる。時にクライエントは長い間自分を助けてくれたソーシャルワーカーとの関係性の終結に対して喪失感や不安を抱くかもしれない。逆に、喜びを感じているかもしれない。それらのクライエントの感情を知り、その感情に応じた対応をとることが必要である。不安に感じている場合は、何に不安を感じているのかを理解したうえで、それを取り除いてから終結を迎える必要があり、アフターケアについて明確に示すことも必要になる。アフターケアは、必要であればいつでも支援を再開することができることや、頼れる場所、人があることをクライエントが認識できるようにするためのもので、形式的にどこかの機関に必ずつなげておく必要があるというわけではない。

　ソーシャルワーカーも、クライエントとの関係に喪失感を覚えたり、思うような支援ができず、もっと関係を続けたいと感じたりするかもしれない。クライエントにとっては次のステップのスタートであるべき終結の段階で、ソーシャルワーカーが終結における自身の感情にきちんと焦点を当てられていないと、クライエントに悪影響を及ぼす可能性もある。そのため、ソーシャルワーカー自身も自分の感情を認識して、その感情をどう扱うか考えることを怠ってはいけない。

　そして、終結の段階には評価が不可欠である。❶成果、❷プロセス、❸満足度の三つの側面に焦点を当てた評価を行うことが推奨される。成果とは、設定した目標に対する結果である。目標の設定が具体的だと評価も目に見える具体的なものとなり、目標の設定があいまいだと客観的指標に基づく評価が難しくなる。シングル・システム・デザイン★による評価はソーシャルワーク実践における科学的評価の代表的なものである。介入前後で問題に変化が起こっているかを確認するために、まずは「問題を正確に測定すること[3]」が基本となり、ベースラインを設定することが必要となる。本事例において、もしBスクールソーシャルワーカーが、「Cさんが学校に登校できないこと」を改善すべき問題とし、ベースラインを「Cさんが学校に登校できた日数」とした場合、介入

★**シングル・システム・デザイン**
測定可能なある一つの目標に変化が起こっているかどうか、何度も一定の次元で繰り返し観察・測定し、実践の効果を明らかにする方法。単一事例実験計画法とも呼ばれ、一事例から介入の効果を科学的に測定できる。

はまったく違う方向に向かっていったであろう。クライエントの変化の有無の判断を客観的に行うことができるというのは介入の有効性を示す大切な視点である。しかし、「実践の流れの中で活用可能であり有益であると判断できた時にのみ、シングル・システム・デザインは用いられるべき[4]」であり、いかなる支援においても選択することがクライエントの最善の利益に叶うものではないことは、認識しておくべきである。

プロセスとはつまり支援のプロセス（経過）である。クライエントからのフィードバックは評価において欠くことのできない要素であるが、ソーシャルワーカーを喜ばせたい（あるいは罰を与えたい）というクライエントの関心や、問題が解決されたことに対する安堵や喜びなど、さまざまな要因の影響を受け、バイアスがかかるおそれがあることを理解しておく必要がある。たとえ否定的な評価であったとしても、クライエントからの率直なフィードバックを受けられたことは信頼関係を構築できたことの現れでもあり、支援のプロセスの成果ともいえるだろう。

終結における評価は、クライエント、ソーシャルワーカー双方にとって欠くことのできないものである。評価を行い、クライエント自身が達成してきたことを実感することは、今後に向けてクライエントのモチベーションを高めることにつながる。また、ソーシャルワーカーにとっては自身の実践を振り返り、次に活かせる要素を見つけるためのものになる。

評価は、アセスメントや支援計画の作成のうえに成り立っているもの

表5-9　演習課題の質問の例

Cさんの成長を振り返るための質問（成果）	「私と出会ってから、今までで達成できたと感じることにはどんなことがあるか全部思い出してみましょう」 「何があったから、それが達成できたと思いますか？」 （クライエント自身の行動に焦点を当てる） 「中学3年間のなかでのCさんの変化にはどのようなものがあったと思いますか？」 （肯定的な変化を述べた場合は、何があったからそうなったのか考える） （否定的な変化を述べた場合は、これからそれがどうなるとよいと思うか希望を確認する）
Bスクールソーシャルワーカーが自身の実践を振り返るための質問（プロセス）	「私と会って、役に立ったなと思うことを教えてください」 「私と会ってこれは困ったな（嫌だったな）と思ったことを教えてください」 「私にもっとこうしてほしかったなと思うことを教えてください」

といえる。そのため、第5章第3節で立案した計画を振り返り、その
目標設定の評価がどのようにできるかを考え、自身の目標設定が具体的
であったかどうか確認してみよう。

> **事例2**
>
> 　Cさんのケースを通して、D中学校では定期的にBスクールソーシャルワーカーを交え
> た校内支援会議を開催し、校内で気になる生徒へのかかわりについてなど、情報共有やコ
> ンサルテーションを行う機会をもつことになった。Cさんの卒業にあたり、ケースについ
> て振り返るため、次の3点をテーマに校内支援会議が実施された。
> ❶　Cさんのケースを通して、学校として達成できたこと
> ❷　Cさんのケースを通して、達成されていない課題や新たに見つかった課題
> ❸　見つかった課題に対して今後できそうなこと
> 　❶、❷のテーマについては次のような意見が出された。
>
> | 達成できたこと | ・定期的な校内支援会議を開催し、情報共有をより効率的に実施できるようになった。
・教職員間での役割分担をより明確にできるようになった。
・精神疾患についてなどテーマを決めての研修会を実施できた。 |
> |---|---|
> | 達成されていない課題や新たな課題 | ・一度ケースに挙がると支援の対象としてスムーズに情報共有などができるようになったが、ケースに挙げるまでに時間がかかることがある（個人の教職員がなんとかできると思ってしまい、気軽に相談できる場がない）。
・生徒たちが自分の困っていることをより気軽に話すことができ、教職員も生徒たちの困り感をより敏感にキャッチできる仕組みが必要である。 |

2 メゾレベル

❶演習課題

　表5-10の役割に分かれて、それぞれの役割の意見に沿って校内支援
会議のロールプレイを実践してみよう。話し合いのテーマは前記❸（課
題に対して中学校で今後できそうなこと）とする。

❷解説——メゾレベルの実践と評価の意義

　メゾレベルの実践においては、変化を促すことが求められる。本事例
の場合、変化を促す場所は学校である。異なる専門性をもつ教育機関の
なかでソーシャルワークの視点を伝えていくことは簡単なことではな

い。しかし、クライエントに対するよりよい実践をするためには、学校文化のなかで学校教職員と協働し、同じ目的を共有して取り組むことが不可欠である。ソーシャルワーカーには、周囲との協力関係を築くことの重要性を常に考えて行動することが求められている。

　本事例において、BスクールソーシャルワーカーはCさんのケースを通して学校とよい関係を築くことができた。どのような環境が整っていたからよい関係を築くことができたのだろうか。実際は、事例1のように関係性を築くための素地が整っていることはまれかもしれない。協力関係を築くことが困難な場合、ソーシャルワーカーとしてどうすればよいのか考えておくことが大切である。ソーシャルワーカーとして学校に対して行った行動のよかったところ悪かったところをしっかりと振

表5-10　ロールプレイの参加者

校長	Bスクールソーシャルワーカーは、熱心に生徒とかかわってくれているし、ご家族への対応もスムーズにやってくれる。Cさんのケースに関しても、Bスクールソーシャルワーカーのおかげで関係する教員皆で協力する体制ができたと感じている。
副校長	本校は先生たちもよくやってくれているし、落ち着いたよい校風の学校だと思っていた。しかし、生徒は悩みを抱えているし、先生たちもさまざまな負担や不満、心配ごとを抱えている。もっと皆が心を開いて話ができる時間をつくることも大切だと感じているが、学校現場は忙しい。
特別支援コーディネーター	最初は、Bスクールソーシャルワーカーの考え方が自分とまったく異なり、子どもを甘やかしているだけだと思っていた。でもいつも丁寧にCさんの話をしてくれる姿を見て、また家族からも信頼されていることを知り、子どもの教育のために何が必要かを考えさせられた。
スクールカウンセラー	週1日しか来ていないので、なかなか学校全体の様子を把握することは難しい。Cさんにも自分からは何もできなかった。生徒たちが気軽に相談室を利用できる工夫をしたい。
Cさんが1年と3年時の担任	学校に来ることを必ずしも目標にしていないと聞き、がっかりした。Bスクールソーシャルワーカーにも中学校のよさをわかってほしいと思った。でも、中学校がさらに魅力的にならないといけないのかもしれないとも考えた。生徒に悩みがあっても、それに気づく担任としての心の余裕が必要だったのかもしれないと考えている。
養護教諭	Cさんのケースを通して、精神疾患のことを学ぶことができた。保健室に来る生徒たちのなかにも精神的な不安定さがあるように見受けられる生徒も多い。もっと自分でも勉強が必要だし、担任の先生たちとの情報共有の機会が必要だと感じた。
Bスクールソーシャルワーカー	学校の先生方とCさんの情報を共有して、一緒にかかわりをもっていることを感じてもらえるよう、ケース検討の機会など意識してたくさんつくってきた。考え方が異なったとしても、皆一人ひとりの生徒の成長を願っているところは同じであることが理解できた。校内での連携の体制をより強化していくために何かできる工夫はないだろうか。

り返り、次に活かすことが求められる。また、学校を生徒にとってより
よい場所とするためのさらなる協働と新たな取り組みのアイデアを教職
員と一緒に考え、実践していくことが期待される。

事例3

　Bスクールソーシャルワーカーは、Cさんとの出会いをきっかけに学習支援教室を運営
している複数の団体とつながることができた。そのつながりをきっかけに、子ども食堂や
プレイパーク、そのほか地域で居場所をつくっている団体とも関係を築くことができた。
そして、社会福祉協議会のコミュニティソーシャルワーカーと出会い、子どもたちを応援
するために地域でさらなるつながりをつくっていこうと、地域の関心ある団体が協働で、
ネットワークをつくった。ネットワークの参加団体・個人は30を超え、市の子ども福祉課、
教育委員会などの行政から青年会議所、商工会議所、生活協同組合、町内会長、民生・児
童委員、大学、高校など団体から個人まで子ども・若者の応援に関心を寄せる多くの者が
協力してネットワークの立ち上げに至った。ネットワークの目的、理念、計画、評価は
表5-11のとおりである。

表5-11　ネットワークの概要

目的	地域の子どもを真ん中に、家族もまるごと応援する。		
理念	子どもたち、若者がやりたいことを見つけて実践できる機会と場所を地域で整えていく。 子どもたち、若者、家族が必要なときに安心して頼れる人や場所がある地域を目指す。		
	施策展開・具体的施策（P）	計画実施状況（D）	計画達成評価（C）
1．地域社会資源の広報	地域の社会資源の情報を各団体へのアンケートで収集する。	活動の最初に情報収集をした。	地域にある多くの資源から情報収集をした。情報を寄せてもらえなかった団体には、事務局である社会福祉協議会が1か所ずつ丁寧に連絡をとった。
	収集した情報をマップにする。	商工会議所、地元企業などからの寄付金を募りマップを作り、印刷した。	十分な寄付金を集めることができ、地域所在のデザイン会社を活用することもできた。
	保育所・学校・塾や地域回覧板を通して広報する。	ネットワーク加盟団体も率先してマップを地域住民に配布した。	5万枚印刷したマップがすべて配布された。しかし、実際に社会資源の活用が増加したかどうかは定かではない。
2．各団体のつながりを強化する	メーリングリストを作り、情報交換しやすい状況を整える。	事務局の社会福祉協議会がメーリングリストを作った。メールが使えない人が出ないよう、必要な人にはメールの使い方の説明もした。	ネットワーク加盟団体・個人の皆がメーリングリストに参加でき、情報交換に活用できた。
	年に1回ネットワークの集まりをもつ。	項目3に示す支援者の力を高めるための研修会の機会を利用して、集まりをもつことができた。	年に1回だと参加できない団体も生じた。研修に主体がいってしまい、交流の機会という目的が薄れた。

| 3．支援者の力を高める | 研修会を実施する。 | 「子どもとかかわる視点」という研修会を実施した。 | 各団体の活動内容により学びたい内容にも差異があり、テーマによる研修会の実施の必要性も生じた。 |

3 マクロレベル

❶演習課題

　評価を見て、ネットワークをどのように強化していくか、目的・理念に基づく次年度の行動計画を立ててみよう。

【エピローグ】

　高校生になって初めての夏休みを迎えようとしていたＣさんに、かつてお世話になった学習支援の団体から一通の手紙が届いた。子どもや若者を応援するネットワークで交流会を実施すること、そしてその場で、地域の社会資源を活用していた一人として、ぜひ皆の前で話してもらいたいとＣさんに対する依頼が記載されていた。

　交流会の当日、Ｃさんは緊張しながら参加した。Ｃさんのほかにも学習支援や子ども食堂を活用していた高校生や、ボランティアの大学生が話をした。Ｂスクールソーシャルワーカーやお世話になった人たちに会い、Ｃさんは晴れ晴れとした気持ちだった。子ども食堂の人からは、ぜひ高校での勉強を活かしてメニューを考え、調理しに来てほしいとの依頼もあった。地域の人たちの熱い心を感じて、Ｃさんは自分でも何かやりたいと強く思い、一緒に話をした高校生や大学生に若者の組織をつくらないかと声をかけてみた。Ｂスクールソーシャルワーカーも、「子どもや若者のためのネットワークには子どもや若者の視点や意見が欠かせない。ぜひ応援したい」と言ってくれた。その日参加していた、若者支援を中心に担っている地域の若者サポートステーションの人ともつながりができた。Ｃさんは、今でも地域で温かく成長を見守られていること、いつでも頼れる場所があることにあらためて勇気を得たことを実感していた。

　そんなＣさんの姿を見ながら、Ｂスクールソーシャルワーカーは、Ｃさんの力を信じてかかわってきてよかったと自身の実践を振り返った。そしてこれからも目の前の子ども（クライエント）の力を信じてソーシャルワーカーとしてクライエントと向きあっていこうと気持ちを新たにした。

❷解説──マクロレベルの実践とその評価

　マクロレベルのソーシャルワークにおいて、ネットワークは一つのキーワードといって差し支えないだろう。岩間・原田はソーシャルワークにおけるネットワークを、「関係者のつながりによる連携・協働・参画・連帯のための状態及び機能のこと[5]」と定義し、❶専門職ベースで構成される援助システムと、❷近隣やボランティアなどのインフォーマルサポートを含む地域住民ベースで構成される援助システム、❸専門職とインフォーマルサポートの担い手（地域住民）の両方で構成される両者の連携と協働による援助システムの三つに整理できると述べている。今回Bスクールソーシャルワーカーが参画したネットワークは、❸のネットワークといえる。

　本事例では、ネットワークの評価をPDCAサイクル★を参考に行った。「評価」をするときに大切なことは「誰の視点での評価」なのか、ということである。特にマクロレベルにおける実践には、ミクロレベルでの実践に比べ、「当事者」がみえにくくなることがある。そもそも、立ち上げたネットワークは子ども・若者を中心にしたものである、そのため、子ども・若者からの直接の意見の聞き取りや、Cさんが立ち上げたいと述べた子ども・若者による組織の立ち上げなどが必要になってくるといえるだろう。

　ネットワークをつくるときは目的を共有し、参画する者が皆同じ方向を向いていることが求められる。そのための工夫も今後考えていく必要があるだろう。

　ここまでCさんの事例を通して、ミクロ・メゾ・マクロレベルのつながりとそれぞれの評価について考えてきた。ソーシャルワークは、コンピテンシー9にあるように「個人、家族、グループ、組織、コミュニティへの実践を評価する」ことによって、実践を効果的に向上させることができる。それぞれの評価での発見が、次につながるものとなるよう、適切な評価、終結を行うことが大切である。

★ **PDCAサイクル**
生産・業務プロセスのなかで改良や改善を必要とする部分を、特定・変更しながら業務を継続的に改善するための方法として提唱されたもの。計画（Plan）、実行（Do）、評価（Check）、改善（Act）の活動を繰り返し行う。

第5章 ソーシャルワークの展開過程と関連技法

◇引用文献

1）D. H. ヘプワース・R. H. ルーニー・G. D. ルーニー・K. シュトローム-ゴットフリート・J. ラーセン，武田信子監，北島英治・澁谷昌史・平野直己・藤林慶子・山野則子監訳『ダイレクト・ソーシャルワークハンドブック——対人支援の理論と技術』明石書店，p.907，2015.

2）B. デュボワ・C. K. マイリー，北島英治監訳，上田洋介訳『ソーシャルワーク——人々をエンパワメントする専門職』明石書店，p.288，2017.

3）平山尚・武田丈・藤井美和『ソーシャルワーク実践の評価方法——シングル・システム・デザインによる理論と技術』中央法規出版，p.163，2002.

4）同上，p.167

5）岩間伸之・原田正樹『地域福祉援助をつかむ』有斐閣，p.80，2012.

◇参考文献

・Walsh, J., *Endings in Clinical Practice : Effective Closure in Diverse Settings*, Lyceum Books Inc., 2007.

・山下英三郎・内田宏明・牧野晶哲編著『新スクールソーシャルワーク論——子どもを中心にすえた理論と実践』学苑社，2012.

● おすすめ

・山下英三郎『相談援助——自らを問い・可能性を感じとる』学苑社，2006.

第6章

ソーシャルワーク
実習後の演習

　本章では、ソーシャルワーク実習後の演習について、はじめに事例検討および事例研究を活用した演習の方法をそれぞれの違いを踏まえ具体的に示している。事例検討について、実施するための資料の例と進め方のステップを示すとともに、より効果的に進めるための質問する際のルールを示している。また、事例研究を「単数もしくは少数の事例を分析して科学的法則を発見すること」と説明して、事例を紹介している。次に、スーパービジョンについては、実習後にスーパービジョンを活用して学びを深めるために理解しておくべき知識として、事例の展開を示しながら、解説としてパラレルプロセス、スーパービジョンのプロセスと機能を説明している。

事例検討、事例研究

1 事例検討と事例研究の違い

　事例検討と事例研究はしばしば混同される。事例検討は、事例研究の一部ではあるが、事例検討がソーシャルワーク実践に焦点が置かれているのに比べ、事例研究の焦点は研究に焦点が置かれる。事例検討および事例研究の関係について**図6-1**に示した。

　事例検討は、ソーシャルワーカーとしての実践の根拠をソーシャルワークの倫理・価値、ソーシャルワークの理論・モデル・アプローチを用いてアカウンタビリティ（説明責任）を発揮することである。さらに、自身の実践を振り返り、深化させ、より効果的なソーシャルワーク実践ができるように検討していくことであり、検討過程において、参加者の多様な価値や視点、解決策や対応策を学ぶ機会ともなる。

　事例研究とは、特定の個人や集団を一つのサンプルとして取り上げ、そのサンプルについて詳細な資料を収集して、そのサンプルの特徴やそのサンプルが変化していくプロセスについて総合的・系統的・力動的に分析・検討し、それによって得られた知見を臨床的あるいは学術的に活かしていくことである。すなわち、事例研究とは、単数もしくは少数の事例を分析して科学的法則を発見することである。

図6-1　事例検討および事例研究の構造

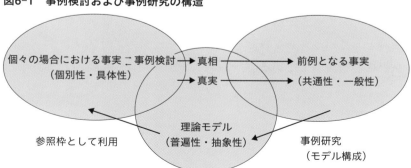

出典：下山晴彦『心理臨床の基礎1　心理臨床の発想と実践』岩波書店, p.212, 2000.

2 ▶ 演習のねらいとポイント

1 演習のねらい

事例検討、事例研究は、対人援助専門職の分野で、臨床教育、問題解決・対策の模索などの方法として重要なツールである。また、一事例もしくは少数事例を検討することから、臨床実践上の原理や法則、理論を発見しようとする営みでもある。そのため、本演習では、実習後の事例検討、事例研究を行うことによって、コンピテンシー（pp.12-16 参照）7 の「個人、家族、グループ、組織、コミュニティのアセスメントを行う」力を養い、9 の「個人、家族、グループ、組織、コミュニティへの実践を評価する」ことから、自己の課題抽出力、問題解決力などを身につけることをねらいとする。

2 演習のポイント

・事例検討をする際の多様なものの見方や価値について考える。
・講義科目で学んだ理論や概念を活用して、事例研究する力を身につける。
・事例検討、事例研究を通して、自身のソーシャルワーク実践を評価する。

3 ▶ 事例検討

1 演習課題

次の事例 1 と事例検討の方法を読んで、自分自身がこの事例検討会に実習生として参加していたら、どのような質問をするか考えてみよう。

事例 1

山田花子さんは、総合病院の医療福祉相談室の実習生である。ある日、外来看護師より、医療福祉相談室に「A さんにストーマ袋交換の指導をしているけれど、経済状況が厳しいようなので、本人から話を聞いてもらえないでしょうか。今日はあまり時間がないようだけど」という依頼があった。A さん（57 歳、男性）は、2 か月前に大腸がんのため、人工肛門を造設した。1 日に 1 回程度のストーマ袋交換で十分であるにもかかわらず、1 日に複数回交換をしているため、膨大な費用がかかっている。医療福祉相談室では、身体障

害者手帳申請のためにすでに A さんにかかわっており、山田さんの実習指導者が担当している。今回は、実習指導者からの指示を受けて、山田さんが A さんの話を聴くことになった。その日は短時間しか話ができず、翌日にあらためて話をすることになった。その面接で下記のことが明らかとなった。

- 父親が 5 年前に亡くなったあと、認知症の母親を A さんがひとりで介護している。
- 中学生の頃から不登校となり、現在まで就労経験がない。
- 現在は母親の年金で生活している。
- 母親が認知症を発症する前は、買い物など家のことは母親に任せきりだった。
- 母親の介護を始めてからは自分で買い物に行くようになった。
- 金銭管理がうまくできず、欲しいと思ったものをすぐ買ってしまう。
- 生活費が圧迫されているとは感じているが、どうすればいいかわからない。

　山田さんが、この面接内容を実習指導者に報告したところ、午後に予定されている医療福祉相談室の事例検討会で、この事例を取り上げることになった。事例検討会には、ソーシャルワーカー 4 名ともう 1 名の実習生が出席していた。実習指導者が司会をして、まず山田さんが事例について資料（**表6-1**、**図6-2**）を提示し報告したあと、いろいろな質問が出された。質問を受けて、山田さんは自分だけでは思いもつかなかったようなさまざまな観点からこのケースについて考えることができた。また、今後の対応についても意見やアドバイスを聞くことができた。ほかの事例についても同じように検討が行われ、山田さんにとっては大きな学びとなった。

2 事例検討の方法

　事例検討には多様な方法が存在する。本演習では、インシデント・プロセス法を用いて事例検討を展開してみよう（**表6-2**）。

　本演習で、インシデント・プロセス法を用いる利点として、次の点を

★インシデント・プロセス法
事例提供者から、実習中の短い象徴的な出来事（インシデント）を提示し、参加者が質問することによって、事例の概要を明らかにしながら、問題の原因と具体的な対応策を検討していく方法。

表6-1　事例検討のための資料例

事例検討シート　　　　　　　　　　　　20××年〇×月〇〇日　No.01
学籍番号　123456　　　　　　　氏名　山田花子
事例検討のテーマ　金銭管理ができないクライエントへのアプローチ
検討目的　無駄な買い物をやめて、経済的な負担を軽減する。
事例概要 　A さん（57歳、男性）は、2か月前に大腸がんのため、人工肛門を造設した。1日に 1 回程度のストーマ袋交換で十分であるにもかかわらず、1 日に複数回交換をしているため、膨大な費用がかかっている。 　A さんは、認知症のある母親と二人暮らしである。就労しておらず、母親の年金で生活しており、経済的にも厳しい状況である。外来看護師より、「A さんにストーマ袋交換の指導をしているけれど、経済状況が厳しいようなので、本人から話を聞いてもらえないでしょうか」という依頼があった。

図6-2　山田花子さんが示したエコマップ

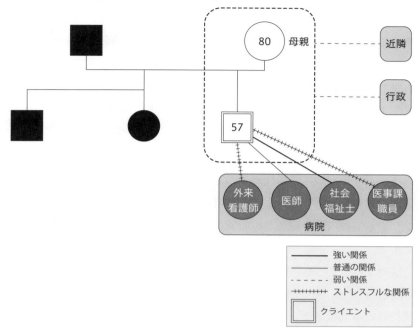

表6-2　事例検討の進め方

事前準備：事例提供者を決める。事例検討シート（**表6-1**）を事前に作成し、印刷する（ナンバリングを実施）。

Step1. 4 〜 6 人程度のグループを構成する。グループ内でリーダーを 1 人決める。

Step2. 司会者（教員）が事例検討（インシデント・プロセス法）の方法を説明する。事例の配付と事例検討終了後に、事例回収の旨を説明する。

Step3. 事例提供者から、事例概要と事例検討の目的を発表する。

Step4. 事例提供者が再度、検討目的を復唱する。そのうえで、グループ内で、検討目的を明らかにするための質問項目を検討する。

Step5. 司会者が再度、検討目的を復唱する。そのうえで、事例の背景などを明らかにするために、事例提供者に質問するように参加者に投げかける。質問する際のルールとしては、**表6-3** の内容をあらかじめ共有しておく。

Step6. 一番目の質問内容に対して、事例提供者から回答があったあと、司会者はその質問に関連する質問をするように指示する。

Step7. 司会者は、各質問に対して事例提供者が回答を繰り返すことで、事例検討が深まっているかを確認する。

Step8. 司会者は一定の質問が終了したことを確認したうえで、事例提供者に、再度、検討目的に変更がないか尋ねる。変更があった場合は、再度、検討目的を提示してもらう。

Step9. 事例提供者から提示された検討目的について、個人ワークで、**表6-4** のシートを活用して、解決策や対応策を考えて記述する。

Step10. 各グループ内で、個人で考えた解決策や対応策をお互いに発表し、グループ内でまとめる。

Step11. 各グループのリーダーより発表する。

Step12. 事例提供者が、実際の対応、対応の結果、実践上の問題点、各グループの発表内容への感想などを発表する。

Step13. 司会者が事例への対応のポイントや全体の総括について述べる。

Step14. 振り返り（振り返りシート（**表6-5**）への記入）と全体シェアリングを実施する。

挙げることができる。❶事例提供者に質問をしなければ情報を得ることができないため、問題への積極的なかかわりが期待でき、情報収集力を培うことができる。❷原因究明や問題解決に必要な情報を限られた時間のなかで質問によって得なければならないため、的確な質問力を培うことができる。❸問題解決に向けての解決策や対応策について主体的に考え、自ら振り返ることができる。❹詳しい資料提示が求められないため、事例提供者の負担が少ない。

　事例検討を実施する前の事例検討シートを作成する段階において、個人が特定できないように記述を工夫すること、さらに事例検討後、必ず事例の資料を回収すること、そのために配付した事例の資料にナンバリングをして回収数を確認し、確実に廃棄するように指導することも重要である。

　演習で展開する事例検討の各ステップにおける留意点を下記に示した。

　Step 1 では、小グループを構成し、小グループ内のリーダーを 1 人決める。多人数では、発言に抵抗を示す学生もいることが考えられる。そのため、小グループ内で実施することで、全員が主体的に参加することにつながる。ただし、演習の人数が少ない場合は、全体で実施してもよい。

　Step 2 では、事例検討の方法として、司会者（教員）がインシデント・プロセス法について説明する。また、事例検討にあたっての注意点である**表 6-3** を確認する。この点については、事例検討を実施するたびに繰り返し確認していくことが必要である。

　Step 3 では、事例提供者から事例概要と事例検討目的の報告を行うこととなるが、事例の概要を要約して、短時間で説明することが必要となる。ここでは、要約力、プレゼンテーション力を養うことを目的としている。

　Step 4 では、事例提供者が、再度、事例検討の目的を復唱する。復

表6-3　質問する際のルール

❶　1 人一つの質問を簡潔に、具体的に質問する。
❷　事例提供者の実践上の問題を指摘しない。
❸　事例提供者の実践を責めない。
❹　自身の判断や結論などを言わない。
❺　自身の興味ではなく、事例提供者の検討目的に沿った質問をしていく。
❻　事例提供者の判断の具体的な根拠を質問する。
❼　事例提供者の当時の感情や思い、現在の感情や思いについて質問する。
❽　その他

唱する意図は、事例提供者の事例検討の目的に沿った質問をしていくように参加者に促すためである。そのうえで、まずはグループ内で、どのような質問を事例提供者にしていくことが必要であるか話しあう必要がある（ふせんに書き出すことも有効）。さらに、事例検討の焦点化を図るために、グループ内で提示された質問項目のうち、どの質問を一番に行うのが適切かについても話しあうことが求められる。

　Step 5 では、司会者が再度、事例提供者の事例検討の目的を復唱し、事例提供者に質問していく。その際に、**表 6-3** の質問する際のルールを守ること、一番目の質問が事例検討の方向性に影響を与えることにも留意する。

　Step 6 では、1 人目の質問に対して、事例提供者が答えることとなるが、その際に、司会者が参加者の質問を繰り返したり、要約したりすることで、事例提供者に考える時間を与える効果もあることを理解する。司会者は 1 人目の質問への回答後、2 人目の質問者へは、1 人目の質問もしくは事例提供者の回答の関連質問について参加者に尋ねる。関連質問を尋ねることで、事例検討の焦点化が可能となり、事例の内容が深化することとなる。参加者からの質問の内容が深化しない場合は、司会者から、事例提供者のそのときの気持ち、どんな場面で判断したのか、そのときのクライエントの表情などについての質問をすることで、参加者に多面的に質問していくモデルを提示することにもつながる。

　Step 7 では、司会者は、事例検討の深まりを確認していきながら、一定の時間で参加者からの質問を終了していく。また、参加者より、**表 6-3** に示した、批判的な質問やアドバイスなどが提示された場合は、参加者の質問を否定するのではなく、質問の意図を確認したり、リフレイミングしたりしながら、事例提供者が傷つかないように配慮する。

　Step 8 では、司会者から事例提供者に、再度、事例検討の目的が変更していないかについて確認する。事例を深く理解した参加者からの質問により、事例検討の目的が変わっていくことが多いためである。

　Step 9 では、司会者が事例提供者から再度提示された事例検討の目的を提示し直し、**表 6-4** の個人ワークシートに解決策や対応策について記述するように指示する。

　Step10 では、グループリーダーを中心に、個人ワークシートに記述した内容を発表しあい、グループ内でまとめる。

　Step11 では、各グループのリーダーより、解決策や対応策について発表する。

第 **6** 章　ソーシャルワーク実習後の演習

表6-4　個人ワークシート

個人ワークシート
事例提供者の検討目的
考えられる解決策もしくは対応策

表6-5　振り返りシート

振り返りシート
本日の事例検討での学びについて記述してください。
本日の事例検討から、自身の実践体験と共通すること、一般化できることについて記述してください。

　Step12 では、事例提供者が、各グループの発表を聞いたうえで、自身の実際の対応、またその対応の結果、実践上の問題点、各グループの発表内容への感想などを発表する。

　Step13 では、司会者が、事例提供者の事例への対応のポイントや事例検討そのものへの講評を行う。

　Step14 では、事例検討全体からの学びについて、参加者全員が個人ワークとして、**表6-5** の振り返りシートを記入する。その後、グループ内で共有し、グループリーダーにより全体シェアリングを実施する。

■3 解説

　事例検討では、過去の事例を取り上げる場合と、現在進行形の事例を取り上げる場合がある。過去の事例を取り上げるのは、参加者の教育や研修のためで、専門性の向上と今後のサービスの質の向上を目的としている。現在進行形の事例への対応のために、参考として過去の事例が検討される場合もある。一方、現在進行形の事例は、事例提供者が今まさ

に担当しているもので、事例についての理解を深め、課題についてより
よい対応をするための方針や具体的な取り組みについて検討することが
求められている。

　また、事例検討は、サービス提供を行っている現場で行われる場合と、
それ以外の教育現場や研修で行われる場合がある。サービス提供の現場
で現在進行形の事例についての検討が行われる場合、参加者は、当事者
と支援者であるため、クライエントの個人情報等は、そのまま隠さずに
出される。専門職には守秘義務があり、これらの個人情報等については
細心の注意をもって取り扱われる。一方、教育や研修では、原則として、
実際の事例そのものを出すことはない。個人が特定できないようにクラ
イエントの氏名や実習施設の名称は記号などを用いて表記すること、詳
細な事例概要の記述は避けることが求められる。さらに、事例検討後は、
資料等は回収し、シュレッダーや溶解などで情報がわからないような状
態にして廃棄する必要がある。

　事例検討で焦点を当てる内容として次のような質問がある。

・クライエントはどのような状況にあるか？（理論・モデル、たとえ
　ばバイオ・サイコ・ソーシャルモデルに基づいてクライエントを説
　明するとどうなるか）
・クライエントのニーズおよび課題は何か？
・クライエントのストレングスや活用可能な社会資源は何か？
・クライエント自身や関係者の見方・考え方・意向はどのようなもの
　であるか？
・求められている・望ましい変化は何か？
・どのような方向性で対応するか、その根拠は何か？
・具体的な対応として誰に（何に）対して、いつ、どこで、何をする
　か？

　これらの質問をするときに大切なことは、事例提供者を責めたり追い
詰めたりしないようにすることである。常に事例提供者とほかの参加者
への敬意をもって議論に参加することが重要である。

4 事例研究

1 演習課題

　次の事例 2 と解説を読んで、あなたなら、どのような事例研究を行
うか、研究の目的と内容を考えてみよう。

　実習後、山田さんは、教員の指導のもとでAさんのケースについて事例研究を行うことになった。教員からは、❶研究の背景と目的・意義、❷方法、❸結果、❹考察という形で研究内容をまとめるとよいとアドバイスを受けた。そこで山田さんは、金銭管理ができない人への支援方法を明らかにすることを研究目的とした。まず、金銭管理ができない背景に何があるのか、どう対応すればよいかについて先行研究を調べた。Aさんのケースでは、Aさんが金銭管理をすることができないのは、中学生の頃から不登校となり、現在まで就労経験がなく、母親が認知症になるまで買い物など家のことは母親が行っていたため、金銭管理のスキルを習得する機会がなかったからではないかと山田さんは考えた。このようなスキル習得を支援する方法がわかれば、Aさんや同様の課題をもつほかの人たちにも役立つので、それがこの研究の意義ではないかと考えた。

　山田さんは、事例検討会で教えてもらった認知行動療法によるアプローチについても調べた。認知行動療法では、思考が感情や行動に影響すること、また、行動も感情や思考に影響するとされている。Aさんは、欲しいと思ったものをすぐに買ってしまい、それで生活費が圧迫されているとは感じているが、どうすればいいかわからないという状態だった。この状態を変えるためには、❶Aさんが自身の金銭管理上の課題について具体的に理解し、❷買い物という行動のあり方を変える必要がある。事例検討会では、①Aさんの買い物の状況が具体的にわかるようなアセスメントを行うこと、②目標とアクションプランはわかりやすく、望ましい行動に焦点を当てること、③アクションプランが実行できているかモニタリングをするための簡単な方法も決めることが大事だというアドバイスを受けていたので、これらを実際に行うことにしたのである。その経過は以下のとおりである。

　Aさんとの2回目の面接では、買い物について詳しく尋ねた。Aさんが財布のなかの何枚ものレシートを見せてくれたので、購入品を必要なものと不要なもの（なくても困らないもの）をAさんに尋ねながら色分けをした。それを見たAさんは、不要な買い物が多いことに驚いていた。そこで、Aさんと相談して、目標を「必要なものだけ買う」とした。アクションプランとしては、買い物リストを作成し、リストにあるものだけを買うことを提案した。Aさんは買い物リストを作ったことがないと言って不安そうだったが、その日の買い物のための買い物リストを一緒に作ったところ、要領がわかったようだった。行動をモニタリングするために、簡単な表を作って渡し、「これから次回来院するまでの間、買い物リストどおりに買い物ができた日は○、できなかった日は×を表につけてください。次回来院する際に、その表を持ってきて○×の結果を見せてください」と依頼した。

　1週間後、Aさんが相談室に来所し、山田さんが渡したモニタリング表（**表6-6**）を見せてくれた。最初の頃は、たまに×印があった。Aさんは「買い物リストがないときは無駄なものを買っているなと思います。だから、今では必ず買い物リストを作るようにして

います」と明るい表情で話した。買い物リストを作るようになったことで、Aさんの不要な買い物は減っていき、経済的な圧迫も少なくなってきた。それに加えて、買い物という行動をコントロールすることができるようになって、それがAさんによい影響を及ぼしているようであった。今回は、認知行動療法を用いることで金銭管理のスキル習得を支援することができたと考えられる。なお、Aさんは、ひとりで認知症の母親を介護しており、経済問題以外にも課題を抱えているかもしれないので、今後も継続的な見守りをしていく必要がある。

　以上について、山田さんは事例研究としてまとめ、実習報告会で発表した。

表6-6　モニタリング表

	1日目	2日目	3日目	4日目	5日目	6日目	7日目
1回	×	○	○	×	○	○	○
2回	○	○	×		○		

2　解説

　山田さんの行った事例研究は、実習指導者とともに行った介入について、行動変容アプローチの理論や概念を活用して説明を試みたものであり、理論・概念主導型の事例研究であった。また、介入の結果評価として、どの程度目標が達成されたか、介入によってクライエントの生活の質（quality of life：QOL）は向上したか、クライエントやその家族は満足していたか、実施した援助のよかった点、改善点は何かなどについても提示していくことが必要である。

　山田さんの事例研究のなかで、行動変容アプローチを、買い物を通して実践することを試みている。レシートの色分け作業、買い物リストの作成、モニタリング表の作成によって、「必要なものを買う」という行動が強化され、Aさんによい変化が生じている。今後は、Aさんのエコマップを確認し、地域住民との関係形成、就労支援や8050問題を意識しながらかかわっていく必要がある。

★ 8050問題
80代の親が50代のひきこもり状態の子どもを養い、社会的孤立、経済的困窮、親の病気や介護の問題などが生じたことによって、親子が共倒れとなる社会問題。

スーパービジョン

1 演習のねらいとポイント

1 演習のねらい

　スーパービジョンは、対人援助専門職養成および現任訓練の一方法として重要な方法である。スーパービジョンの目的は、クライエントの利益を最大限に引き出し、クライエントの抱える問題に対して、最もよい解決方法を模索することにある。そのため、スーパーバイジーである実習生の専門性の獲得および向上に、スーパービジョンは重要な役割を担っている。そのため、本演習では、スーパービジョンの機能と目的を理解し、スーパービジョンを受けることによって、コンピテンシー（pp.12-16 参照）1 の「倫理的かつ専門職としての行動がとれる」、9 の「個人、家族、グループ、組織、コミュニティへの実践を評価する」をねらいとしている。

2 演習のポイント

・自身の実践を振り返ることができる。
・実習中に生じた自身の反応や感情に対処できる。
・自身の実践をソーシャルワークの価値・倫理、ソーシャルワーク理論・モデル・アプローチ、専門知識などを根拠に分析できる。
・自身の実践のアクションプランを立てられる。

2 演習課題

　実習生の山田花子さんは、実習報告会を済ませたあと、さらに自身の実践を振り返ることを目的に、前節の**表 6-1** で示した事例検討シートをもとに、教員から個人スーパービジョンを受けることを希望した。その理由としては、A さんへのアプローチは、一部の成果がみられ、実習

指導者からも評価を受けたものの、Aさんへのアプローチそのものの未熟さと、しっくりこない感情が残っていたためである。

　次の事例は、教員と山田さんとのスーパービジョン場面である。この場面を通して、スーパーバイザーがどのような意図や手法を用いてスーパービジョンを展開しているかグループ内で話し合い、発表してみよう。

事例

教員：先日の実習報告会での報告、お疲れ様でした。今日は、実際に対応されたAさんの事例のことでスーパービジョンを受けたいとのことでしたが…。

山田：はい。Aさんとの関係で何かひっかかることがあって…。

教員：ひっかかること…。もう少し詳しく話してもらえますか？

山田：そうですね…。何となくなんです…。

教員：何となく…。

山田：うまく説明できないです。

教員：なるほど、何かひっかかることがあるけれども、うまく説明できないのですね…。

山田：はい…。

教員：では、Aさんとうまく関係ができたと思ったときはどんなときでしたか。

山田：あ、はい。えーっと、Aさんがお母さんの介護で苦労されているお話を伺ったとき、「おひとりでよく頑張りましたね」と声かけをしたとき、Aさんに満面の笑顔がみられました。

教員：なるほど、Aさんの頑張りを評価したときに、Aさんの表情に変化がみられたのですね。どんな表情だったか、もう少し詳しく話してもらえますか？

山田：はい。それまで、ぽつぽつとしかお話し頂けなかったのですが、声かけをした途端、満面の笑顔で私の顔をしっかりと見て、お母さんの介護についてどれだけ頑張っているか、どんな工夫をしているかについて次々とお話ししてくれました。

教員：次々とお話ししてくれたんですね。Aさんがお話ししている様子を見て、山田さんはどんな気持ちになりましたか。

山田：こんなにお話しされる方だったんだと、少し驚くとともに、嬉しかったです。わあ、やっとAさんとの信頼関係の形成ができたと思いました。

教員：そうですね。それは嬉しかったですよね。それで…。

山田：嬉しくて、嬉しくて、次々話される内容について、「そうなんですね」「うんうん」と前のめりになって聴くと、Aさんも、どんどんお話を続けられて…。

教員：Aさんが積極的に自分からお話しされるようになったんですね。

山田：そうなんです。

教員：お話を聴き続けているなかで、山田さんはAさんについてどのような人だと思いま

したか？

山田：おひとりで介護を頑張ってこられた人なんだ。誰も手伝ってくれなかったのかな。「助けて」と援助を求める発信ができない人なんだろうか。やはり、ひきこもっていた期間が長いため、他者との関係構築が難しい人なんだろうか。社会性が乏しい人なんだろうか。さまざまな考えが頭のなかをよぎりました。

教員：なるほど。Aさんについて、いろいろな側面から理解しようとされたのですね。では、逆に、Aさんとの関係がぎくしゃくした、うまくいかなかった場面はどんな場面でしたか？

山田：はい。同じ場面で、おひとりで介護されているのは大変だと思い、介護保険制度を活用して訪問介護を利用することをお勧めした途端、Aさんが黙りこくったんです。

教員：なるほど。介護保険制度の訪問介護サービスをご利用することをお勧めした途端、山田さんとの関係に緊張感が生じたのですね。

山田：そうなんです。私、何を間違ったのでしょうか？

教員：そのときの緊張感というか、違和感はどんな感じでしたか？

山田：そうですね…。私の提案を否定されたというか、うーん、どうかな…。結局、私は受け入れてもらえていないのかな…と思いました。

教員：なるほど。山田さんは、Aさんに受け入れてもらえてないとの思いをもったんですね。それはつらかったですね…。

山田：はい。私なりに前向きなプランの提示をしたつもりだったのですが…。

教員：では、Aさん側からみて、山田さんの提案についてどのように感じたと思いますか。

山田：そうですね…。それまでは、熱心にお母様の介護についてお話しされていたのですから…。訪問介護サービスの提案は、Aさんにとって…、そうですね…、あっ、そうか、Aさんの介護そのものの頑張りを否定したことになったのかもしれません。そうか…。そうです。Aさんなりに頑張ってきていた介護が、十分でない、そのままではだめとの否定的な印象をもたせたかもしれません。そうです。あー、何てことをしてしまったんでしょう…。

教員：山田さん側からみると、介護負担を減らしたいとの思いがあって訪問介護サービスの利用を勧めたにもかかわらず、Aさんにとっては、ご自身の介護を否定されたと受け取った可能性があると考えたのですね。

山田：はい。Aさんがお母様の介護について話されるときのことを思い出すと、一度も愚痴がなかったんです。「介護がしんどい」との訴えもなかったです。むしろ、ご自身の介護でお母様がどれだけ元気で生き生きと生活されているかについて話されていました。

教員：では、どのようなアプローチが適切だったと思いますか。

山田：はい。A さんの頑張りや工夫について、どのように頑張ってきたのか、またどのように工夫を思いつかれたのか、何よりも前向きに介護されている姿勢の背景には、どんな力があるのかについて質問することで、もっともっと A さんの潜在的な力に気づけたと思います。

教員：では、ここで、具体的にどのような声かけが必要であったのか、私が A さんになりますから、やってみましょうか。

山田：はい。お願いいたします。

> 山田さんと教員は、さまざまな場面を想定して、シミュレーションを行ってみた。

教員：シミュレーションをやってみていかがでしたか？

山田：ありがとうございます。あの場面での違和感が明らかになりました。

教員：では、あらためて、このスーパービジョンを通して、A さんはどのような人だと思いますか。

山田：はい。認知症があるお母様の介護をたったひとりで、前向きに取り組み、またお母様の介護について誇りをもって実践している人だと思いました。

教員：A さんは、ご自身の役割を放棄せず、前向きに捉え、全力で取り組むことができる素晴らしい人なんですね。

山田：はい。そうです。そうなんです。

教員：では、このスーパービジョンを通して、自己課題は何かみえましたか。

山田：はい。みえました。ソーシャルワーカーは、援助する側だと思い込んでいました。そのため、目の前の人の問題点ばかり探していた自分がいました。また、自分も何か役に立たなければとの焦りがあったこともわかりました。

教員：なるほど。援助する側、そして何か役に立たなければとの思いがあったのですね。では、今後のご自身の課題にどのように取り組まれますか。

山田：目の前のクライエントの力を信じる、そして今までの頑張りに耳を傾け、クライエントご自身の力を探索することが、何よりも重要だと感じました。

教員：素晴らしい気づきですね。では、今日この時点からできることはどんなことがありますか。

山田：私は、家族や友人からお節介だとよく言われていたのですが、その意味がわかってきました。何よりも、家族や友人が困ったとき、すぐにアドバイスをするのではなく、どのように対応しようと、また乗り越えようとしているかについて聴くことがまず大事だと思いました。

教員：では、今日からご家族やご友人が困ったとき、すぐにアドバイスをせずに、その人

がどのように対応しようとしているかについて耳を傾けることから始めてみるということですね。

山田：はい、やってみます。

教員：お疲れ様でした。今日、初めてスーパービジョンを受けていかがでしたか？

山田：はい。はじめは、緊張感がありました。先生の質問によって、違和感のあった場面が具体的に浮かんできて…、あの場面のAさんの表情、話し方、その場の雰囲気、そのときの私自身の気持ちなどが生き生きと浮かび上がってきました。自身の今後の課題がみえたことで、自身も変化できると思いました。

教員：それはよかった。では、今日から山田さんは変化していくんですね。

山田：はい。この課題に挑戦していきます。ありがとうございました。

教員：はい。お疲れ様でした。

3 ▶ 解説

■1 パラレルプロセス

　ソーシャルワーカーとクライエント間の関係が重要であると同様に、スーパーバイジーとスーパーバイザー間の関係も重要である。すなわち、スーパーバイジーとスーパーバイザーの関係性そのものが、ソーシャルワーカーとクライエント関係に影響を与えるからである。これをパラレルプロセスという（**図6-3**）。このパラレルプロセスは、精神分析理論の「転移」と「逆転移」に端を発し、サールズ（Searles, H. F.）によって、初めて指摘された概念である。[1] また、カデューシン（Kadushin, A.）とハークネス（Harkness, D.）は、このパラレルプロセスで起こることは、システムの境界をまたいだ再生であるともしている。[2] さらにマザーソール（Mothersole, G.）は、このパラレルプロセスを対人的現象と心的内在的現象の二つに分類し、この両方として見ることに価値があるとしている。[3] 対人的、心的内在的な関係性がそのまま、ソーシャルワーク実習におけるクライエントと実習生である学生との関係に影響を及ぼすことを意識しておく必要がある。

■2 スーパービジョンのプロセス

　スーパービジョンのプロセスは、**図6-4**に示したように、ソーシャルワーク実践のプロセスと同様である。まずは、スーパーバイジーであ

図6-3　パラレルプロセス

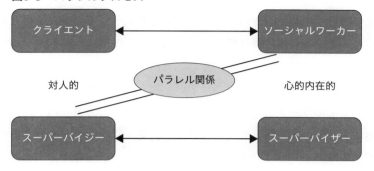

図6-4　スーパービジョンのプロセス

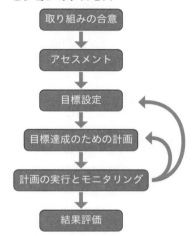

る学生とスーパーバイザーがスーパービジョンを実施する合意が必要である。そのうえで、学生の学習スタイル、不安、葛藤、期待、価値観などについてのアセスメント(事例ではないことに注意)を行う。さらに、スーパービジョンの目標を設定（焦点化）し、目標達成のために、学生の実践上に生じた、判断、不安、情緒的反応、クライエントとの関係性、分析内容などを多面的（本事例では、学生の視点、クライエントの視点）にみていく質問を投げかけながら、言語化を促進していく。その結果、得られた気づきについて検討しながら、目標達成のための計画を立て、計画を実行し、評価していくこととなる。

3 スーパービジョンの機能

　スーパービジョンの機能として、アメリカの研究者であるカデューシンとハークネスの管理的機能、教育的機能、支持的機能の三つの機能がしばしば提示される。[4] 一方、イギリスの研究者であるモリソン

（Morrison, T.）は、実践の力量を高め、意義ある実践を行うための機能としてのマネジメント機能、継続的な専門職としての成長を促進するための機能である成長促進機能、専門職として、個人としてのソーシャルワーカーへのサポートをするための支持的機能、組織的な見解を個人のなかに見出し、組織と結びつけていく媒介機能を提示している[5]。

　ソーシャルワーク実習における教員による学生へのスーパービジョン実践は、学生の専門職としての成長促進機能、学生をサポートするための支持的機能を発揮させるだけでなく、学生の自己課題や目標の達成に向けてのマネジメント機能の発揮でもある。さらに学生と実習指導者、さらに実習施設・機関との媒介機能として教員が働きかける機能の発揮も必要である。

　そして何よりも、ソーシャルワーク専門職を目指す学生にとって、初めてのスーパービジョン経験は、今後のソーシャルワーク専門職としての貴重な経験となるはずである。

◇引用文献
1 ）Searles, H. F., 'The Informational Value of the Supervisor's Emotional Experiences', *Psychiatry : Journal for the Study of Interpersonal Processes*, 18 （2）, pp.135–146, 1955.
2 ）Kadushin, A. & Harkness, D., *Supervision in Social Work 5th Edition*, Columbia University Press, pp.151–155, 2014.
3 ）Mothersole, G., 'Parallel Process : A Review', *The Clinical Supervisor*, 18 （2）, pp.107–121, 1999.
4 ）前出 2 ）, pp.27–53, pp.90–126, pp.159–205
5 ）Morrison, T., *Staff Supervision in Social Care*, Pavilion Publishing Ltd, p.21, 2005.

索引

最新 社会福祉士養成講座 精神保健福祉士養成講座

┃ 編集

一般社団法人 日本ソーシャルワーク教育学校連盟（略称：ソ教連）

┃ 統括編集委員（五十音順）

中谷 陽明（なかたに・ようめい）
ソ教連常務理事、桜美林大学大学院教授

松本 すみ子（まつもと・すみこ）
ソ教連常務理事、東京国際大学人間社会学部教授

「ソーシャルワーク演習［共通科目］」編集委員・執筆者

┃ 編集委員（五十音順）

岡田 まり（おかだ・まり）
立命館大学産業社会学部教授

添田 正揮（そえた・まさき）
日本福祉大学社会福祉学部准教授

森田 久美子（もりた・くみこ）
立正大学社会福祉学部教授

渡辺 裕一（わたなべ・ゆういち）
武蔵野大学人間科学部教授

┃ 執筆者および執筆分担（五十音順）

浅野 貴博（あさの・たかひろ）································第5章第2節
ルーテル学院大学総合人間学部専任講師

石田 賀奈子（いしだ・かなこ）································第5章第1節
立命館大学産業社会学部准教授

岡田 まり（おかだ・まり）································第1章
立命館大学産業社会学部教授

片岡 靖子（かたおか・やすこ）································第4章第2節、第6章
久留米大学文学部教授

潮谷 恵美（しおたに・えみ）································第4章第1節
十文字学園女子大学教育人文学部教授

鈴木 和 (すずき・わたる)・・第 5 章第 3 節
北海道医療大学看護福祉学部助教

添田 正揮 (そえた・まさき)・・・・・・・・・・・・・・・・・・・・・・・・・・・・・・・・・・・・第 3 章第 2 節・第 3 節
日本福祉大学社会福祉学部准教授

谷口 恵子 (たにぐち・けいこ)・・第 5 章第 5 節
東京福祉大学心理学部講師

増田 和高 (ますだ・かずたか)・・第 5 章第 4 節
武庫川女子大学文学部講師

森田 久美子 (もりた・くみこ)・・第 2 章
立正大学社会福祉学部教授

渡辺 裕一 (わたなべ・ゆういち)・・・・・・・・・・・・・・・・・・・・・・・・・・・・・・・・・・・・第 3 章第 1 節
武蔵野大学人間科学部教授

一般社団法人 日本ソーシャルワーク教育学校連盟（略称：ソ教連）のご案内

ソ教連は、全国のソーシャルワーク教育学校（社会福祉士、精神保健福祉士、社会福祉教育を行っている学校）で組織されています。

ソーシャルワーク教育学校に課せられた社会的使命に鑑み、ソーシャルワーク教育の内容充実および振興を図るとともに、ソーシャルワークおよび社会福祉に関する研究開発と知識の普及に努め、もって福祉の増進に寄与することを目的としています。

[英文名] Japanese Association for Social Work Education（略称；JASWE）
[設立日] 2017（平成29）年4月1日
[ウェブサイト] http://www.jaswe.jp/　http://socialworker.jp/

最新　社会福祉士養成講座
　　　精神保健福祉士養成講座
13　ソーシャルワーク演習[共通科目]

2021年2月1日　　　初 版 発 行
2024年2月1日　　　初版第2刷発行

編　集　　一般社団法人日本ソーシャルワーク教育学校連盟
発行者　　荘村明彦
発行所　　中央法規出版株式会社
　　　　　〒110-0016　東京都台東区台東3-29-1　中央法規ビル
　　　　　　　　　　　TEL 03（6387）3196
　　　　　https://www.chuohoki.co.jp/

印刷・製本　株式会社太洋社
本文デザイン　株式会社デジカル
装　　幀　株式会社デジカル
装　　画　酒井ヒロミツ